小心，原來這樣也有事！

雷丘律師——著

Apple——繪

腦洞大律師雷丘的生活法律常識與對策

本書部分案例改寫自網路笑話，

情節僅為引出生活法律問題而作，

內容保證純屬虛構；若有雷同，剛好而已。

推薦序

關於雷丘的眞本事

蔡孟利

對工程師而言，設計與製造出來的工具不是能解決問題就好，「使用者友善性」（user friendly）更是判斷問題是否被完美解決的重要標準，因爲工具的整體結構是否方便到能讓使用者在第一時間就可操控自如，才是大賣與否的關鍵。而且對工程師來說，設計與製造出來的工具也不是功能越多就越好，那些關於價格、耗材、保養……等「顧客導向」（customer oriented）的思考，是否在設計之初就已經納入考量，讓工具所具備的功能在取得各方平衡之後恰到好處，也是對工程師眞本事的考驗。

而法律，基本上跟程式語言有某種本質上的相似，像是用來陳述它們的內容之語法都有嚴格的定義，使用時也需要謹守各種脈絡下的邏輯；也因此，能夠執行這兩類工作的人，都必須是受過專業訓練的人士才能勝任。但是程式與法律不是只有專業人士才需要使用，特別是法律，那是每個人在日常生活中都會用到的東西；也許不是那麼直接，但至少間接或再間接地，法律滲透我們的生活幾乎到了無孔不入的程度。也因此，即便不是以法律爲業的一般人，也應該要對法律的內容有一定程度的掌握才行。

所以「法普」是必要的。要怎麼將專業的、生硬的法律條文以活潑、淺顯的方式轉化表達出來，讓一般大衆都能清楚明瞭這些法律立法的原意、適用的條件，以及對應的狀況，這是高難度的「user friendly」挑戰。社會的面貌不只千百態，因此，社會據以運作的法律條文也不止千百條，對於一輩子也不會用到那麼多法條的芸芸衆生來說，要怎麼從浩瀚的條文海裡撈出一般人最需要的、生活上很可能會遇到的法律問題，那就是高難度的「customer oriented」工作。

讀完雷丘的這本書，我更加確定，雷丘不只在二十五年前是位優秀的工程師，提供了我 user friendly 和 customer oriented 的程式，讓我得以解決我的生物學問題；二十五年後，他依然是位優秀的工程師，提供了我 user friendly 和 customer oriented 的法普知識，讓我得以快速整備腦中的生活法律資料庫。

所以，我很滿意既是律師也是工程師的雷丘所寫的這本書，並且希望很快能再看到下一本。

（本文作者為國立宜蘭大學生物機電工程學系教授）

推薦序

不只搞笑，也認眞傳遞法律常識，還能降載負能量

蔡昆洲

若干年前，我和當時任職外商科技公司法務主管的雷丘律師，約在星巴克討論案件，聊完案件後的閒聊中，我問起他：做爲一個跨領域的法律人，對律師業有什麼看法？彼時，透過社群媒體提高知名度、經營臉書粉絲專頁的「網紅律師」熱潮方興未艾，我問理工科的雷丘律師怎麼看。他明快回答：從科學的觀點，應該先研究哪些貼文最容易被臉書的演算法所推薦；而從觸及率來看，最多人看的臉書粉專不外三種：有妹、有貓、搞笑。前兩者是他生平所愛，但因爲不想把興趣變成工作，所以他來經營粉專的話，應該會做一個專寫笑話的搞笑型粉專。

原本只是中年大叔律師間的閒聊，沒想到他眞的在臉書上設了粉絲專頁，並且開始一篇篇地創作，不論是拿自己執業的情形開律師玩笑，或是結合新聞時事的諷刺笑

話，以及最受網友歡迎的白天開慢車、午夜開快車風格，經過這幾年的累積，竟然成爲近十萬粉絲數的知名網紅。不過他倒也沒完全忘記自己身爲律師的本分，不時還是會分享一些實用、正確的法律常識。先前司法院小編在盤點法律知識型粉專時，他的粉專「雷丘律師就決定是你了」也名列其中，可見他的粉專除了搞笑，對於法律知識的普及也有很大的貢獻（應該）。

律師這份工作做久了，很容易厭世，因爲我們工作上所見所聞多半不是什麼讓人覺得世界很美好的事物：法庭或商場上的惡鬥、當事人間的負面情緒、現實中的無奈與苦難，是我們的日常生活。畢竟如果不是家裡有困難，誰要出來當律師呢？所以，如何卸下這些負面能量，是律師自己所要面對的修煉，而我認識的律師幾乎都有訂閱雷丘律師的粉專，或許每天看他貼的笑話，有助我們降載身上的負能量；特別是看到一個當律師的，竟然還有機會坐擁萬坪公園綠地（笑），心中自是寬慰不少。

我認爲，所謂的幽默是一種能力，是指一個人能夠以寬容及釋然來看待自己或他人的愚昧和失敗，及世上的各種不幸，是讓人得以「Keep calm and carry on」（保持冷靜，繼續前進）的處世態度。我對雷丘律師滿到溢出來的幽默感和源源不絕的創作能量，始終感到敬佩，而他這次寫作新書，除了幽默有梗的搞笑，更加上對法律問題的細膩分析，並且用說人話的方式加以解釋。如果各位讀者在莞爾一笑之餘，也能多少認識到這些故事背後所涉及的法律問題，學習到如何運用法律知識趨吉避凶，可說是可喜可賀，可喜可賀。

（本文作者為尚澄法律事務所主持律師）

作者序

斜槓中年的奇幻漂流

如果有人能坐著時光機器，回到我三十五歲的時候，告訴當時的雷丘律師：「嘿！未來你會成爲一名律師，而且是整天在網路上發廢文的那種，最後廢文還多到能出一本書！」我一定嗤之以鼻。

當時的我，剛升任一家上市櫃科技公司最年輕的高階主管，直接向CEO報告，掌管占公司營收近七成的產品線。意氣風發的我，自認前程似錦，這輩子應該可以憑自己的專業在科技業終老和退休了，壓根不會想到什麼培養第二專長、準備人生後半場之類的事情。

然而人生的轉折有時就是比小說或電影更精采。最近，有時我坐在辦公室裡，一面寫著訴狀，一面想著剛才當事人離婚諮詢的故事，而電腦螢幕上顯示的，是一則又一則的判決、一份又一份的契約，驀然回首，竟發現這是我當年從來沒想過的生活。

我回想起當初爲什麼開設粉絲專頁，其實是因爲自認並非典型法律人，唯一的優點是，可能比一般律師更了解造成普羅大衆不懂法律的盲點在哪裡。所以自我期許，要爲法律普及盡一份心力。至於後來粉專整個歪掉、充滿笑話和廢文，甚至還讓我斜槓變成作家，就更是始料未及的發展了。

總之，謝謝這些年陪著我一起成長的粉絲讀者們，也謝謝你們喜歡我的文章。這本小書雖然一樣有大家想看的笑話和廢文，但是我特意挑選了幾篇和日常生活中可能會遇到的法律問題相關的文章，並新增法律小常識，也算是呼應一下當初開設粉絲專頁的初心。

如果這本小書眞的能幫助大家解決一些日常生活中遇到的疑難雜症，我會感到無比開心。如果大家能從這些斜槓中年的廢文中，體會到人生不管什麼時候都不要輕言放棄，起起落落才是人生的醍醐味，我必然會更開心。

最後謝謝究竟出版社很有勇氣地給了我這個機會。這篇可能是這本小書唯一正經的一篇文章，接下來就請不小心買了這本書的你，享用雷丘律師式的腦洞廢文法普吧！

推薦序　關於雷丘的真本事　蔡孟利　003
推薦序　不只搞笑，也認真傳遞法律常識，還能降載負能量　蔡昆洲　006
作者序　斜槓中年的奇幻漂流　009

PART 1

小明和他的快樂夥伴

老司機開車了
開車不好好開，小心撩妹不成反吃罰單　018
雷丘律師是大家的好朋友
醒醒吧！你沒有妹妹！談同母異父的手足繼承權　023
千金難買早知道
公共空間堆雜物，真的很母湯　031
勿因惡小而為之
竊盜？詐欺？傻傻分不清楚　037

PART 2

向經典致敬

出車禍怎麼辦？
車損人損分清楚，時限要掌握 042

我有說我要買嗎？
你OK，我OK，契約就OK 048

毒品碰不得
不該碰的東西，真的一次都不要碰 056

偷窺可不是男人的浪漫
偷聽偷看要罰錢，使用工具罰更重 061

你的孩子不是你的孩子
親權不是父母愛怎麼樣就怎麼樣 068

一定要白紙黑字嗎？
有些契約就是要書面加登記才算數 073

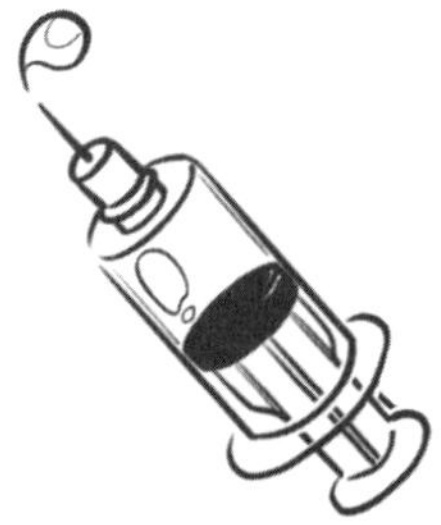

虛擬世界我是誰
網路發言多小心，侮辱誹謗遠離你 077
飛雪連天射白鹿，笑書神俠倚碧鴛
倚天劍、屠龍刀，大俠也要學法律 085

PART 3

一言不合，老婆就叫我睡公園

你會先救誰？
什麼都不做也會犯法的「不作為犯」 126
愛的鉗型攻勢
原來法律是這樣判斷行為和結果的關係？ 131
是你的？是我的？夫妻財產！
婚後財產真的一人一半？ 137
手機讓我看看都不行？
偷看手機或電腦，小心警察叔叔找上你！ 144

我不是澳洲來的客人
商品有瑕疵或保固問題時怎麼辦？ 150
老婆無錯推定原則
只要無法證明對方有罪，那就是無罪！ 156
床頭吵架一定床尾和嗎？
就算是配偶，隨便推倒也ＮＧ！ 161

PART 4

這輛不是開往幼稚園的車

只要我喜歡，有什麼不可以？
你情我願沒問題，涉及金錢和未成年就不行 166
我今天網路用得夠多了
同性伴侶收養子女怎麼這麼難？ 174
爸爸對了，什麼都對了
胎兒也有繼承權嗎？繼承順位誰先誰後？ 181

男人四十歲，不要只剩一張嘴
到底什麼理由才能向法院訴請離婚？ 187
郎騎竹馬來，遶床弄青梅
談戀愛可以，嘗禁果還是先不要 193

PART 5

那些年，雷丘律師遇見的客戶們

關於工作，我一律建議竹科輪班
裝潢施工品質不良，可以解約嗎？ 200
千金難買好厝邊
鄰居一直製造噪音，叫警察有沒有用？ 208
上班打卡制，下班責任制
《勞基法》的責任制跟你想的不一樣 212
一言不合就業配
業配可不是爽拿錢就好，出事了一樣要扛 218

一言既出，駟馬難追
客戶烙跑不付錢怎麼辦？ 222
發生職災算誰的？
維護安全勞動環境，雇主責無旁貸！ 227
轉角遇到慣老闆
用扣薪來處罰員工，這合法嗎？ 232

PART 1

小明和他的
快樂夥伴

老司機開車了

開車不好好開，小心撩妹不成反吃罰單

小欣努力了五年，終於有能力買車了。

雖然只是一輛國產小車，但這是用自己賺的錢，買給自己的禮物，感覺就是不一樣。

交車後，小欣趁著假日晚上人少，在自家附近一圈一圈地馴著車。

小欣打開車窗，慢慢開著自己的愛車，享受微風拂面的快感。突然，從後面駛來一輛車，那輛車經過小欣的愛車時，駕駛座上的年輕小夥子從車窗探出頭，對小欣說：「阿姨，妳開過特斯拉嗎？……」

那輛車看起來是一輛嶄新的白色特斯拉。因爲車子開遠了，小欣沒聽清楚後面的幾句話，但前面兩個字「阿姨」，她可是聽得清清楚楚。

小欣心想：「你看起來也沒比我年輕幾歲，居然敢叫我阿姨?!不但叫我阿姨，還跟我炫耀你開的是特斯拉！」

小欣覺得自己開新車的好心情有點被打壞了，但轉念一想：今晚還是慢慢馴車吧！不要理他就好了。

過了沒多久，那輛特斯拉居然又繞了一圈回來。該不會也在馴車吧？那小夥子又趁著經過時大喊：「阿姨，妳開過特斯拉嗎？……」然後車子又開遠了。

這時候的小欣很不高興：老娘還不到三十歲！居然連著被人叫兩次阿姨！你有錢開特斯拉了不起啊！誰像你，富二代，年紀輕輕就可以開特斯拉，我這輛車可是老娘辛辛苦苦靠自己的血汗錢買的！

正當她心中胡思亂想、暗自咒罵時，那輛車又繞了回來，擺明了纏上小欣，駕駛的聲音還特別興奮高亢：「阿姨！妳開過特斯拉嗎!!!」語音未落，「碰」的一聲，車子就撞上了安全島。

小欣心中升起一絲快感：特斯拉又怎樣？撞不壞嗎？不過人命關天，小欣還是趕緊把車停在路邊，想看看駕駛的情況。

這時，那名年輕人已從駕駛座爬出來。特斯拉不愧是好車，駕駛毫髮無傷。

小欣看他沒事，忍不住問他：「你憑什麼叫我阿姨？是嘲笑我年紀比你大、但是開的車比你小嗎？開特斯拉了不起啊？」

年輕人苦笑道：「歹勢，天色晚了，看不清楚。我其實是想問，如果妳開過特斯拉的話，這款車的煞車到底在哪啊？」

雷丘律師有話要說

故事中，特斯拉駕駛的行為，除了一般民眾比較容易想像到的超速問題外，還有一個較容易忽略的問題是**併排行駛**。如果這位年輕人為了撩妹，在超車時和小欣行駛在相同車道並行說話，依照《道路交通管理處罰條例》，可以處新臺幣六百元以上、一千八百元以下罰鍰①。

不過罰鍰是一種**行政罰**，性質不同於《刑法》裡的罰金；換言之，沒有一般民眾擔心「留前科」的問題。不過這種開車撩妹的行為，如果達到像飆車般的危險駕駛程度，可能就觸犯了《刑法》的**公共危險罪**，依規定可以處五年以下有期徒刑、拘役或一萬五千元以下的罰金②。因此，在這個故事中，如果小欣忍不住跟著追車，很可能兩人都會觸犯公共危險罪。

最後一點則是，即使沒有達到飆車程度的危險駕駛行為，例如蛇行等行為，《道路交通管理處罰條例》仍然是有法可管的，依法可以處新臺幣六千元以上、二萬四千元以下的罰鍰③。所以雷丘律師建議，雖然撩妹要緊，車子還是不能隨便愛怎麼開就怎麼開的喔。

① 道路交通管理處罰條例第45條第1項第2款：「汽車駕駛人，爭道行駛有下列情形之一者，處新臺幣六百元以上一千八百元以下罰鍰：二、在單車道駕車與他車並行。」

②刑法第185條第1項：「損壞或壅塞陸路、水路、橋樑或其他公眾往來之設備或以他法致生往來之危險者，處五年以下有期徒刑、拘役或一萬五千元以下罰金。」

③道路交通管理處罰條例第43條第1項第1款：「汽車駕駛人，駕駛汽車有下列情形之一者，處新臺幣六千元以上二萬四千元以下罰鍰，並當場禁止其駕駛：一、在道路上蛇行，或以其他危險方式駕車。」

雷丘律師是大家的好朋友

醒醒吧！你沒有妹妹！談同母異父的手足繼承權

一

我是小欣，小明同母異父的姊姊。

從小家裡就不愁吃穿，所以我也沒什麼打工的經驗。雖然媽媽常常指著這個那個，說「這些以後都是妳的」，但是我總覺得好像少了點什麼。

可能是我和繼父從小就不親，彼此總是有一些隔閡的緣故吧。

所以我大學一畢業，就自己搬出來住，找了一份對新鮮人來說薪水還可以的工作。家裡沒要我拿錢回家，我一個人倒也樂得輕鬆。

我不是什麼富家千金賭氣要自食其力的例子。我只是覺得，我離開那個家，大家應該都會鬆一口氣吧。彼此留一些空間，反而好相處。

以前交往過的男友，總是在知道我家背景後態度驟變。我不喜歡這樣。算一算，我搬出來也五年了，剛和前男友分手，正處於空窗期。我用這幾年的積蓄買了一輛小車，犒賞一下自己。沒想到因此遇上那個開特斯拉的傻小子。他撞上安全島後，居然還有心情約我週末喝咖啡，真的很有事。

其實他感覺還滿可愛的，只是交個朋友應該沒關係吧？我要不要赴約呢？

二

我是小豪，小明的死黨兼換帖。

我已經暗戀小明很久了，但我覺得這種事情不太好直接說，以免破壞我們之間的友誼。沒想到後來他居然被那個綠茶婊小花搶走，真是氣死我了。

傷心之餘，我無聊逛到雷丘律師的粉絲團，發現了一個什麼「阿姨我不想努力了.com」，在那邊認識了王阿姨。現在，我 PS5 和 iPhone 13 Pro Max 都有了，上個月她還送我一輛特斯拉，也許這就叫因禍得福吧？

王阿姨對我很好，所以不管她叫我做什麼事，我都盡量幫；像是她叫我買通酒吧老闆下藥，明知道有可能犯法，我還是義不容辭地做了。畢竟酬勞可是特斯拉啊！

不過，雖然我喜歡年紀比我大的女人，但和王阿姨相處久了，還是有點膩。還好我有了特斯拉，開著它撩妹多方便啊！像是前幾天，雖然出了點小車禍，不過也因此靠著網路上的老梗要到了那個漂亮姊姊的賴；反正阿姨一定有保全險，不要緊！我約漂亮姊姊這個星期六喝咖啡，不知道她會不會來？眞是令人期待。

至於那個小花，聽說因爲知道我前幾天偷喝小明的手搖飲，所以和小明吵架了。雖然我不知道怎麼一回事，不過必取死好！

三

我是小明的媽媽。從我當年帶著拖油瓶嫁給那個死鬼的那一天起，我就知道他對我一直陽奉陰違。

想當初，他不過是我爸公司裡一個小職員，要不是娶了我、有我娘家幫忙，他能有今天嗎？當年因爲自己叛逆、懷了孕，才被父母逼婚，確實錯路在先，不過這些年讓他飛黃騰達，也該算是補回來了吧？

我知道他一直對沒血緣的女兒心有芥蒂，連收養都不肯去辦，就只疼自己親生的兒子小明，還想把遺產都留給那孩子。但他可沒想到，我早就偷偷拿了檢體去化驗，他．不．孕！不然我哪能容忍他這些年來，在外面認了那麼多乾女兒？萬一蹦出個小孩來爭遺產怎麼辦？

話說回來，就算他知道小明不是他親生的，又能怎樣？反正雷丘律師說小明受婚生推定，以那個死鬼今日在商場上的身分地位，我就不信他敢揪出誰是小明眞正的爸爸！畢竟，小明可是「那位先生」的兒子啊！

反正這些年他玩他的，我過我的，我們井水不犯河水，倒也相安無事。要不是他認乾女兒認到寶貝兒子小明的女友身上，我也不會找人去教訓他！讓他在醫院裡躺個幾天，還算便宜他呢！

話說回來，雖然那個小鮮肉辦事挺俐落的，但是前幾天他居然把我送他的特斯拉給撞壞了。反正我也玩膩了，正好拿這件事當理由吵架，和他分手吧！修理費叫他自己出！

小狼狗嘛，上那個網站再找就有了。謝謝我們的家族律師雷丘律師！

雷丘律師有話要說

關於小豪買通酒吧老闆，對小明爸爸下藥一事，既然已經讓小明爸爸躺在醫院好幾天，便是構成了《刑法》的傷害罪，可以處五年以下有期徒刑、拘役或五十萬元以下罰金；如果因此不小心害小明的爸爸死掉，則可以處無期徒刑或七年以上有期徒刑。就算小明爸爸沒死，而是受了重傷，也可以處三年以上、十年以下的有期徒刑①。而且小明媽媽和小豪是一起策畫、一起實施這項犯罪的的，所以他們之間是屬於**共同正犯**的關係，並不會因為是誰著手實施犯罪而有所不同②。

至於酒吧老闆的犯罪程度，則要看他知不知情。比如說，假設藥不是在買通老闆後，由老闆親手加進給小明爸爸的飲料中，而是小豪偷偷跟糖包調換。這時，酒吧老闆並沒發現自己加進飲料裡的是藥，而不是砂糖。依照一般情況來看，酒吧老闆並沒有機會從糖包的外觀發現掉包一事，這時候小豪是所謂的**間接正犯**；至於酒吧老闆，雖然是把藥加進飲料的人，但反而沒有刑責。

另一個法律問題是，小明雖是小明媽媽和「那位先生」婚外情所生，但由於當時小明父母的婚姻狀態存續中，因此小明是小明爸爸的婚生子女這一點，是受到法律推定的③；而**婚生推定**這件事，也只有小明的爸爸、媽媽和他自己，才能透過訴訟程序來否認④。

既然小明和媽媽不會提出，媽媽又很有信心，知道小明的爸爸會忌憚「那位先生」而不敢提起訴訟，因此在這個案件中，小明被法律推定為婚生子女一事應該是相當穩定的。另一方面，為了維持身分關係的安定性，法律也規定，提起否認之訴的**除斥期間**（法律就某種特別權利，也就是**形成權**⑤所預定的行使期間）只有兩年⑥。所以只要小明的爸爸在得知「小明非自己親生」的消息後超過兩年，小明婚生子女的身分就沒人可以翻案了。

最後要提到的一點是，由於小欣並非小明爸爸的婚生子女，即使媽媽後來和小明的爸爸結婚，如果小明爸爸沒有依照《民法》的規定**單獨收養**小欣，那麼小明爸爸和小欣終究只會是**姻親**，而姻親在法律上可是沒有繼承權的喔⑦⑧。

① 刑法第277條：「傷害人之身體或健康者，處五年以下有期徒刑、拘役或五十萬元以下罰金。犯前項之罪，因而致人於死者，處無期徒刑或七年以上有期徒刑；致重傷者，處三年以上十年以下有期徒刑。」

② 刑法第28條：「二人以上共同實行犯罪之行為者，皆為正犯。」

③ 民法第1063條第1項：「妻之受胎，係在婚姻關係存續中者，推定其所生子女為婚生子女。」

④ 民法第1063條第2項：「前項推定，夫妻之一方或子女能證明子女非

為婚生子女者，得提起否認之訴。」

⑤ 意指權利人依自己的意思，使法律關係有所變動（改變、產生或消滅）的權利。

⑥ 民法第1063條第3項：「前項否認之訴，夫妻之一方自知悉該子女非為婚生子女，或子女自知悉其非為婚生子女之時起二年內為之。但子女於未成年時知悉者，仍得於成年後二年內為之。」

⑦ 民法第1074條：「夫妻收養子女時，應共同為之。但有下列各款情形之一者，得單獨收養：一、夫妻之一方收養他方之子女。二、夫妻之一方不能為意思表示或生死不明已逾三年。」

⑧ 民法第1138條：「遺產繼承人，除配偶外，依左列順序定之：一、直系血親卑親屬。二、父母。三、兄弟姊妹。四、祖父母。」

千金難買早知道

公共空間堆雜物，真的很母湯

有一天，小明下班回家，發現家裡都沒人，於是心想：去吃個宵夜吧！

小明來到一家麵攤，點了乾麵，老闆問他要大碗還是小碗，小明便唱起了大碗寬麵……呃，不是，小明心想，宵夜不要吃太多，就問老闆：「你店裡的大碗乾麵很大嗎？」老闆回答：「我的很大，你忍一下！」小明想了想，最後還是點了小碗的。

小明兩分鐘就吃完了小碗乾麵，便開始用牙籤剔牙。沒想到肚子還餓，於是又去便利商店找點東西吃，結果在那裡遇到了小豪。小豪提議去唱KTV，順便吃點小菜、喝點小酒，小明心想自己反正也沒事，就去了。

酒酣耳熱之際，KTV突然發生火警。沒想到逃生通道上堆滿了雜物，小明逃生無門，只好破窗跳出，結果跌斷了雙腿，在醫院躺了半年。

小花去探望小明時，只見小明一直喃喃自語：「早知道就點大碗乾麵了！」

雷丘律師有話要說

小明的想法並非完全沒有道理。這是科學上的一種理論，稱為蝴蝶效應（butterfly effect），是指在一個動態系統中，初始條件的微小變化，能帶動整個系統長期且巨大的連鎖反應，是一種混沌現象。「蝴蝶效應」這個名詞在混沌學中也常出現。對這個效應最常見的闡述是：「一隻蝴蝶在巴西輕拍翅膀，可以導致一個月後德克薩斯州的一場龍捲風。」

在一般人的概念中，「蝴蝶效應」是連鎖效應的一種，意即一件表面上看來毫無關係、非常微小的事情，可能帶來巨大的改變。此效應說明事物發展的結果，對初始條件有極敏感的依賴性；而初始條件的改變，也將引發結果的極大差異。以此為題材的電影非常多，例如：《蝴蝶效應》《雙面情人》《真愛每一天》。

小明心裡想的可能是，如果當初他點了大碗乾麵，肚子就不會餓，吃完應該就會回家睡覺了，也就不會跑到便利商店並遇到小豪，當然更不會在KTV遇上火警，跌斷腿躺在醫院裡。這種思考模式非常蝴蝶效應，不過雷丘律師認為，如果KTV有好好遵守消防法規，即使失火了，也不至於讓小明逃生無門、跳窗逃生跌斷腿。所以**守法**才應該是這個故事中更值得我們注意的地方。

KTV負責人或管理人在逃生通道上堆滿雜物的行為，可能觸犯了《刑法》第189條之2第1項前段的公共危險罪[1]，可以處三年以下有期徒刑。幸好小明只是受傷躺了半年，並沒有到重傷的程度[2]，否則就變成可以處五年以下有期徒刑的**加重結果犯**了[3]。

另外，大家應該也發現到，這同時是一個**具體危險犯**的規定——只要阻塞逃生通道的情況足以造成他人生命、身體或健康的危險性就能構成，並不要求實際造成危害（比如受傷）。

所以，千萬不要覺得「這是我的店，東西愛怎麼放就怎麼放」，亂堆雜物的結果可是很嚴重的！

雷丘律師也提醒大家，並不是只有戲院、商場、餐廳、旅店或其他公共場所的負責人或管理人要注意逃生通道的問題，《刑法》第189條之2第1項後段，同樣針對集合式住宅（即公寓大廈）的住戶規定，如果住戶為了自己方便，而阻塞公共區域的逃生通道，一樣有可能觸犯公共危險罪④。

最常見的情況就是頂樓加蓋。許多頂樓住戶都認為自己有屋頂的使用權，因此往往在通往頂樓的樓梯間加裝鐵門，如此一來，就能把頂樓變成自家的生活空間，不亦快哉。

但是頂樓平臺同時也是消防逃生空間，實務上認為，如果因為在樓梯口裝設鐵門並上鎖，阻塞了公寓大廈的逃生通道，導致其他住戶在火災或其他災難發生時，無法經由頂樓的逃生門進入頂樓平臺避難，已足以使他人生命身體陷於危險，是可以成立本罪的。

①刑法第189條之2第1項前段：「阻塞戲院、商場、餐廳、旅店或其他公眾得出入之場所或公共場所之逃生通道，致生危險於他人生命、身體或健康者，處三年以下有期徒刑。」

②刑法第10條第4項：「稱重傷者，謂下列傷害：

一、毀敗或嚴重減損一目或二目之視能。

二、毀敗或嚴重減損一耳或二耳之聽能。

三、毀敗或嚴重減損語能、味能或嗅能。

四、毀敗或嚴重減損一肢以上之機能。

五、毀敗或嚴重減損生殖之機能。

六、其他於身體或健康，有重大不治或難治之傷害。」

③刑法第189條之2第2項：「因而致人於死者，處七年以下有期徒刑；致重傷者，處五年以下有期徒刑。」

④刑法第189條之2第1項後段：「阻塞集合住宅或共同使用大廈之逃生通道，致生危險於他人生命、身體或健康者，亦同。」

勿因惡小而為之

竊盜？詐欺？傻傻分不清楚

小明逛夜市。

老闆娘：「帥哥，買雙潮鞋吧？」

小明：「能試穿嗎？」

老闆娘：「可以！」

於是小明穿上鞋，說：「能走走看嗎？」

老闆娘：「可以可以。」

小明走了兩步，說：「有點緊，能跳嗎？」

老闆娘：「可以～～」

小明跳了跳，說：「能跑嗎？」

老闆娘不耐煩地說：「可以啦！」

於是小明就跑了。

雷丘律師有話要說

在這一篇，雷丘律師想和大家談談**詐欺罪**和**竊盜罪**。一般人的觀念裡，往往認為騙人就是詐欺，但事實上，《刑法》詐欺罪的定義遠比騙人要嚴謹非常多。詐欺罪規定於《刑法》第339條第1項①，首先，這個人必須有「以不法方式得到財物或利益的意圖」（不管是為了自己或第三人的利益），並且使用詐術，讓被騙的一方陷於錯誤，進而因這項錯誤認知，心甘情願地交付財物，才會構成詐欺罪。常有人認為，感情騙子同樣犯了詐欺罪，不過感情並不是一種財物，所以欺騙感情是無法構成詐欺罪的。

至於竊盜罪，規定在《刑法》第320條第1項②。和詐欺罪一樣，竊盜罪也要有「不法獲得財物或利益的意圖」，趁對方未發現或在來不及防備的情況下，以非暴力手法竊取財物，並將財物置於自己的**實力支配**下，就能構成竊盜罪。

那麼，故事中小明的行為，既有騙，又有偷，到底是詐欺還是竊盜呢？

這邊要注意的是，詐欺罪必須是**心甘情願**交付財物。過去實務上認為，詐欺罪的**交付**必須是財產處分行為（但近期實務有例外③），也就是主觀上要有放棄或移轉持有的意願。由於故事中的老闆娘只是讓小明穿著跑看看是否合腳，並沒有打算放棄她所持有的球鞋、將支配權轉移給小明，因此並沒有交付。既然沒有交付，球鞋仍置於老闆娘的實力支配範圍內，所以小明的欺騙，只能算是方便他竊盜的**前行為**。因此，後來小明趁老闆娘不注意，穿著球鞋跑離老闆娘控制範圍，所構成的是竊盜罪（這叫做欺騙式竊盜）④。

不要以為偷球鞋這種小東西不算什麼，竊盜罪和詐欺罪一樣，最高都可以處五年有期徒刑。雷丘律師特別提醒大家，偷小東西可不是小罪哦。

①刑法第339條第1項：「意圖為自己或第三人不法之所有，以詐術使人將本人或第三人之物交付者，處五年以下有期徒刑、拘役或科或併科五十萬元以下罰金。」

②刑法第320條第1項：「意圖為自己或第三人不法之所有，而竊取他人之動產者，為竊盜罪，處五年以下有期徒刑、拘役或五十萬元以下罰金。」

③最高法院86年度臺上字第487號判決：「刑法上之詐欺罪與竊盜罪，雖同係意圖為自己或第三人不法之所有而取得他人之財物，但詐欺罪以施行詐術使人將物交付為其成立要件，而竊盜罪則無使人交付財物之必要。

所謂交付，係指對於財物之處分而言，故詐欺罪之行為人，其取得財物，必須由於被詐欺人對於該財物之處分而來，否則被詐欺人提交財物，雖係由於行為人施用詐術之所致，但其提交既非處分之行為，則行為人因其對於該財物之支配力一時弛緩，乘機取得，即與詐欺罪應具之條件不符，自應論以竊盜罪。」

④最高法院108年度臺上字第4127號判決：「故刑法第339條第1項詐欺取財罪所謂之『以詐術使人將本人或第三人之物「交付」』者，不限於移轉、登記或拋棄所有權等處分行為，縱僅將財物之事實上支配關係（如占有、使用）移交行為人，亦成立本罪。」

出車禍怎麼辦？

車損人損分清楚，時限要掌握

小明考上大學，央求家裡買輛機車給他。

媽媽不同意。

媽媽說：「難道你不知道，爸爸上個月就是騎機車跌倒，現在嚇得只敢搭捷運上班嗎？」

小明看著媽媽，不知道該說什麼。

媽媽繼續說道：「那輛車現在沒人騎，你騎舊的就行了，別浪費錢。」

雷丘律師有話要說

首先，發生車禍時，一定要分清楚**車損**（車輛或其他財產）和**人損**（駕駛或乘客的生命身體），這兩種情況的處理方式、適用的法律和保險都是不一樣的。

先說車損，也就是財產上的損害，其實只有民事賠償問題，並不涉及刑事責任。網路上謠傳這屬於《刑法》第354條的毀損罪，是大錯特錯的，因為毀損罪只罰**故意**，不罰**過失**。因此，發生車禍時，如果只有車損，那就只有財產權受到侵害，這是《民法》上侵權責任損害賠償的問題①。換言之，這也是為什麼警察做完筆錄、盡到行政上責任後，頂多只會再問一下雙方要不要和解，之後就不會再介入的原因。

另一個常見的網路謠言則說「警察會代為求償」，這也是不對的，因為民事上的權利，是要靠自己爭取的，這就是所謂的「法律不保護在權利上睡著的人」。

那如果雙方對車禍的發生都有過失呢？這時就會涉及**過失比例分配**的問題。

這邊有另一個誤區：誰有過失，並不是雙方自己認定或談一談就能決定的。警察單位會在事故後三十日出爐一份「道路交通事故初步分析研判表」（簡稱「初判表」），這時，許多當事人都會直接拿著這份表格去向對方要錢。但是這邊要提醒大家，肇事責任的鑑定，本來就不是警察的業務，而初判表也不是肇事責任過失比例分配最後的依據。因此雷丘律師建議，初判表只能當做參考，應該再向車禍鑑定委員會申請「鑑定意見書」，才是最正確的做法（至於怎麼申請，初判表上都有寫）。

此外，鑑定意見書只有在車禍發生後六個月內、且尚未進入訴訟程序的情況下才能申請，而且比起訴訟中其他公正第三方單位的鑑定費用，車禍鑑定委員會的費用已經算是超級便宜的了。如同前面所說的，民事權利要靠自己爭取，連這一點小錢都捨不得花，往往只會讓後面花大錢，所以越早申請越好。

另外一個要注意的是期限問題。**侵權行為損害賠償**的請求權時效很短，只有兩年②，千萬不要等到超過時限才請求，這時對方是可以做時效抗辯的。實務上常常見到，當事人只知道要提出刑事告訴（發生人損時），但刑事程序拖著拖著就過了兩年；這時，民事上的請求權時效已經過去，對方可以拒絕賠償。

至於人損，也就是人身損害，可就不只是民事侵權責任損害賠償的問題而已！當然，人身損害也可以在民事上請求損害賠償，又可區分為**財產上損失**（如醫藥費、無法工作期間的損失、未來的工作能力減損）和**非財產上損失**（如精神慰撫金），請求方式和車損一樣，要透過民事程序求償。

但人損還會有刑事責任的問題，主要是過失傷害、過失傷害致重傷③和過失致死罪④。要特別注意的是，過失傷害、過失傷害致重傷都是**告訴乃論罪**⑤，只有六個月的告訴期間⑥，如果超過期限，就只能透過民事程序請求侵權責任損害賠償了。

①民法第184條第1項前段：「因故意或過失，不法侵害他人之權利者，負損害賠償責任。」

②民法第197條第1項：「因侵權行為所生之損害賠償請求權，自請求權人知有損害及賠償義務人時起，二年間不行使而消滅，自有侵權行為時起，逾十年者亦同。」

③刑法第284條：「因過失傷害人者，處一年以下有期徒刑、拘役或十萬元以下罰金；致重傷者，處三年以下有期徒刑、拘役或三十萬元以下罰金。」

④刑法第276條：「因過失致人於死者，處五年以下有期徒刑、拘役或五十萬元以下罰金。」

⑤刑法第287條前段：「第二百七十七條第一項、第二百八十一條及第二百八十四條之罪，須告訴乃論。」

⑥刑事訴訟法第237條第1項：「告訴乃論之罪，其告訴應自得為告訴之人知悉犯人之時起，於六個月內為之。」

我有說我要買嗎？

你OK，我OK，契約就OK

小明去夜店喝酒，邂逅了正妹小花。

夜深了，此時小花微醺的臉龐更顯嬌豔。她對小明說：「這邊收訊不好，我出去打個電話；如果剛好我的室友小美不在，我會在門口揮手，我們就一起離開，到我那裡去吧？」

小明欣然同意。

過了一會兒，小花果然站在門口揮手。

小明邊對小花揮手，邊跑過去邊說：「寶貝我來了～～」

這時，衆人都投以羨慕的眼光。

突然木槌一敲，群衆都安靜了。一個低沉的男聲響起：「成交！這十箱葡萄酒就

賣給這位先生了！」

雷丘律師有話要說

這個故事其實是《民法》上非常經典的教科書案例：德國特里爾葡萄酒拍賣案。

這是一個虛構的故事，故事背景是十九世紀時，德國特里爾市舉辦了一場葡萄酒拍賣會。有一位先生進來看熱鬧，看到自己的朋友也來了，於是像本文中的小明一樣，很興奮地舉起手、遠遠地和自己朋友打招呼。好死不死，他並不知道在拍賣會場，舉手就是參與競標的意思。當時拍賣官一看有人舉手，當場落槌，把葡萄酒拍給了那位舉手的先生。

這個故事在《民法》上的問題是：這位先生，或是本文中的小明，究竟有沒有拍到這十箱葡萄酒？究竟有沒有支付價款的義務呢？

這邊涉及一些《民法》的基本觀念。

第一，和大多數人印象不太一樣的是，契約的成立並不一定要白紙黑字。最淺顯的例子就是去便利商店買飯糰，只要對店員說：「我要買一個飯糰。」店員說：「好的，飯糰三十元。」顧客說：「OK。」這時，關於這個飯糰的買賣契約就已經成立了，顧客有支付三十元的義務，店員有交付飯糰的義務，這整個過程並不需要白紙黑字。

第二，契約是由契約雙方當事人提出**合致的意思表示**所構成的，有時又會簡稱**「雙方合意」**，這個「合意」其實就是指「合致的意思表示」。意思表示又可以分為**主動的要約**和**被動的承諾**；當要約和承諾一致時，就達成合意。

例如上一段顧客所說「我要買一個飯糰」，是關於買賣標的物品項（飯糰）和數量（一個）的要約；店員說「好的」，就是針對這項要約的承諾。店員接著說「三十元」，是關於買賣標的物價額的要約；而顧客說「OK」，則是關於這項要約的承諾。

由於這些意思表示都是口頭的，所以一旦說出口，而對方也聽懂時就算數①。同時，也因為要成立飯糰買賣契約的所有要點，比如買賣標的物的品項、數量、價額都已達成雙方合意，買賣契約就成立了。

有了上面的觀念，我們現在可以來說明小明究竟要不要付錢買十箱葡萄酒。

我國民法學說，**意思表示**可以拆成**主觀的「內在法效意思」**（表意人內心的意思／想法）和**客觀的「外在表示行為」**。舉例來說，從在場的吃瓜群眾看來，小明舉手的行為，就是競標的動作，所以參與競標的「外在表示行為」是有的；問題是，小明到底有沒有競標的內在法效意思？如果光看小明一副想趕快到小花家的急色鬼模樣，他揮手也只是「寶貝我來了～～」的輔助動作，應該沒有參與競標的法效意思。

這下麻煩了，主觀上沒有法效意思，但客觀上有表示行為，這時該怎麼處理？

如同大家一定猜得到的，吃瓜群眾這時也會分成兩派。一派會覺得，小明揮手是對朋友的日常行為，他並不想參與拍賣，是拍賣官把小明的表示行為解釋為參與競標的意思表示，怎麼可以因為這樣就叫小明付錢呢？這一派吃瓜群眾的想法，稱為**「主觀性理論」**。

另一派則是覺得，小明跑到正在舉行葡萄酒拍賣的夜店，就應該知道舉手很可能被認為是要參與競標。小明自己不注意，被拍賣官誤認他要參與拍賣，這又能怪誰呢？這一派吃瓜群眾的想法，就叫做**「客觀性理論」**。

那邊看官說了：「雷丘律師，你說了半天，結果還是沒有公布答案啊！」

其實時至今日，因為工商社會的交易越來越複雜，買賣雙方的內在法效意思往往是說不清楚的，所以為了保障交易上的安全，臺灣法律採取「客觀性理論」，也就是小明確實拍到了這十箱葡萄酒。但是為了彌補小明因保障大眾交易安全所做出的犧牲，他可以在一年之內②，以「自己不知道舉手就是參與競標」為由，撤銷意思表示，不過小明必須先證明自己沒有過失③。

最後一點是，如果小明真的成功撤銷意思表示、契約不成立，那拍賣會的主辦單位不是很倒楣嗎?事實上，小明還是要賠償主辦單位的損失④，只是以葡萄酒為例，如果還是賣得出去，而且能賣得更高價，主辦單位也很難主張自己有受到什麼實質損失就是了。

①民法第94條：「對話人為意思表示者，其意思表示，以相對人了解時，發生效力。」

②民法第90條：「前二條之撤銷權，自意思表示後，經過一年而消滅。」

③民法第88條第1項：「意思表示之內容有錯誤，或表意人若知其事情即不為意思表示者，表意人得將其意思表示撤銷之。但以其錯誤或不知事情，非由表意人自己之過失者為限。」

④民法第91條：「依第八十八條及第八十九條之規定撤銷意思表示時，

表意人對於信其意思表示為有效而受損害之相對人或第三人，應負賠償責任。但其撤銷之原因，受害人明知或可得而知者，不在此限。」

PART 2

向經典致敬

毒品碰不得

不該碰的東西，真的一次都不要碰

最近雷丘律師接了一起毒品殺人案件，當事人之一是個年輕的毒蟲。其實這個時代，毒品入侵校園也不是什麼大新聞了，但這起案件特別之處，在於當事人的爸爸也是個毒蟲，而且當事人第一次吸毒，就是爸爸強迫他注射毒品的。

雖然他爸爸後來因爲毒品的關係死了，但小小年紀的他已經染上了毒癮，再加上家境因素，只好進入軍校就讀。不過問題並沒有因此解決。當事人毒癮發作時六親不認，除了會自殘，還會變得非常有攻擊性，連青梅竹馬的女友都照打不誤。儘管部隊裡的士官長非常關心他的狀況，卻也拿他沒辦法。

沒想到，後來連他的好友也染上毒癮。案件發生時，兩個人的毒癮都正在發作，不顧旁邊還有人，便開始互相攻擊，結果牽連到一旁圍觀的不良少年，混亂之中，當事人的頭就這樣被砍掉了……

這起案件我想很多網友都看過，當事人的名字叫做艾連・葉卡。雷丘律師在此要奉勸大家，毒品真的不能碰。

雷丘律師有話要說

動漫發燒友應該看得出來，這一篇是致敬《進擊的巨人》。在臺灣，有關毒品的刑事責任，主要規定在《毒品危害防制條例》，除了明文將毒品分為四個等級，針對不同等級的毒品，處罰的力道也不一樣。

例如海洛因、嗎啡是第一級毒品；大麻、安非他命、搖頭丸、毒咖啡是第二級毒品；FM2、小白板、K他命是第三級毒品；蝴蝶片、煩寧是第四級毒品。依據《毒品危害防制條例》第10條規定，自行施用第一級、第二級毒品是有刑事責任的①，但施用第三級和第四級毒品就沒有規定罰則。

對於自行施用毒品的人，臺灣的刑事政策還是先以觀察勒戒為主。即使是第一級、第二級毒品[②]，只要經過觀察，發現勒戒期間沒有繼續施用毒品的傾向，就可以免罰[③]。

但另一方面，對於製造、運輸、販賣、持有、非法使人施用、引誘他人施用、轉讓毒品的人，就有很重的罰則。我們參考《進擊的巨人》的劇情，假設：一、巨人的脊髓液是第一級毒品；二、艾連的父親古利夏．葉卡醫師在為艾連施打時，是以強迫的手段進行；三、艾連並不知道父親打進他身上的東西是毒品。如果古利夏醫師當時並沒有被艾連吃掉，古利夏醫師就犯了《毒品危害防制條例》第6條，以強暴、脅迫、欺瞞或其他非法之方法使人施用第一級毒品罪，可以處死刑、無期徒刑或十年以上有期徒刑（刑度和殺人罪相當），並得併科新臺幣一千萬元以下罰金[④]。

另外，由於艾連當時未成年，依照《毒品危害防制條例》第9條第1項，要加重刑度到二分之一[⑤]。換言之，古利夏醫師幫艾連施打毒品這件事情，其實要負非常嚴重的刑事責任。

也許有人會說：「這是動漫啊！現實生活中，哪有人會強迫別人吸毒呢？」事實上，南投就曾發生餵食幼童第二級毒品致死的案例，而嫌犯自己也是吸毒者。毒品會對大腦中樞神經造成不良影響，吸毒者為達到預期的效果，往往需要反覆增加用量，常常在不知不覺的情況下過量使用，造成中毒和藥物依賴，終身難以擺脫。因此，雷丘律師還是重複故事中的那句老話：「奉勸大家，毒品真的不能碰。」

①毒品危害防制條例第10條：「施用第一級毒品者，處六月以上五年以下有期徒刑。
施用第二級毒品者，處三年以下有期徒刑。」

②毒品危害防制條例第20條第1項：「犯第十條之罪者，檢察官應聲請法院裁定，或少年法院（地方法院少年法庭）應先裁定，令被告或少年入勒

戒處所觀察、勒戒，其期間不得逾二月。」

③ 毒品危害防制條例第20條第2項：「觀察、勒戒後，檢察官或少年法院（地方法院少年法庭）依據勒戒處所之陳報，認受觀察、勒戒人無繼續施用毒品傾向者，應即釋放，並為不起訴之處分或不付審理之裁定；認受觀察、勒戒人有繼續施用毒品傾向者，檢察官應聲請法院裁定或由少年法院（地方法院少年法庭）裁定令入戒治處所強制戒治，其期間為六個月以上，至無繼續強制戒治之必要為止。但最長不得逾一年。」

④ 毒品危害防制條例第6條第1項：「以強暴、脅迫、欺瞞或其他非法之方法使人施用第一級毒品者，處死刑、無期徒刑或十年以上有期徒刑；處無期徒刑或十年以上有期徒刑者，得併科新臺幣一千萬元以下罰金。」

⑤ 毒品危害防制條例第9條第1項：「成年人對未成年人販賣毒品或犯前三條之罪者，依各該條項規定加重其刑至二分之一。」

偷窺可不是男人的浪漫

偷聽偷看要罰錢，使用工具罰更重

有一名樵夫，一個人住在深山裡，非常渴望有人可以陪伴他。

有一天，他在山谷中發現一匹受傷的狼。他遠遠聽見獵人帶著獵犬追趕的聲音，不知怎的，惻隱之心油然而生，便幫助這匹狼躲藏。等到獵人離開，樵夫又把狼帶回自己的小屋。

樵夫幫狼包紮敷藥，而狼的傷口也在樵夫的照料下漸漸痊癒。就在狼幾乎復原時，正值月圓之夜，那匹狼突然變身爲狼人。

樵夫嚇了一跳，狼人卻說：「不用怕，你是我的救命恩人，我不會害你的。可是我得走了，回到我的族人那裡。」

狼人一走，樵夫又得寂寞了。狼人看出了樵夫的心思，便說：「我一個大男人，就算在這裡陪你，你也會覺得無聊。你應該找個好姑娘來照顧你才對。我雖然不能留下來，但可以告訴你娶到仙女的方法。」

樵夫好奇地問：「真的有仙女嗎？」這一切對他來說都太神奇了，可是自己已經見過狼人了，就算再看到仙女也不奇怪。

狼人說：「離這邊三里之處有一座瀑布，每逢月圓之夜，仙女就會趁著月色在那裡沐浴。你過去那邊，偷偷地把她的衣服藏起來；因爲仙女的法力都附著在羽衣上，所以她一定會求你還給她。這時你要說：『如果妳願意和我結婚，並且直到我們的第三個孩子出世前都不離開，到時候我就會把羽衣還給妳。』記得，凡人和仙女的緣分最多就只到這樣，千萬不能多要求，切勿自誤。」說完，狼人頭也不回地離開了小屋。

樵夫半信半疑，但是今晚已經夠瘋狂了，再瘋狂一點又何妨呢！他來到了瀑布，果然有一位美麗的仙女正在瀑布中沐浴，而她的衣服就放在岸邊。

樵夫按照狼人的指示，先把仙女的衣服藏起來，然後出現在仙女面前。

仙女說：「你是誰？我的衣服……」

樵夫按照狼人所交代的說了，然而仙女實在太美，他差點忍不住要求對方一輩子和自己在一起。

樵夫雖然有點內疚，但由於生活實在太寂寞了，能和仙女在一起，即使只是幾年的時光，應該也會成爲人生中最快樂的一段日子。想到這，他就什麼也顧不得了。

仙女答應了他，兩人過了一年快樂的日子。一年後，仙女生下了三胞胎。

雖然這快樂的時光遠比樵夫想像的短，但是他仍然遵守承諾，把羽衣還給了仙女。仙女帶著感謝的眼神，含淚接過羽衣穿上，幻化成一道霞光飛走了。

現在，小屋裡不再孤獨，樵夫一個人扶養三個孩子，十分熱鬧。雖然這三個孩子每到月圓之夜，就會對著月光嗷嗚嗷嗚地叫著，讓他有一點困擾，不過那又是另一回事了。

雷丘律師有話要說

狼人當然也可以有真愛，這是毋庸置疑的。既然可以跨越物種，當然也可以跨越性別，總不能每次看到狼人就被《暮光之城》裡面的狼人雅各形象給制約了吧！

這一篇，雷丘律師想和大家談談文章中樵夫偷窺仙女沐浴的問題。偷窺在法律上的規定，可能和一般人想的不太一樣喔！和偷窺相關的規定，最主要的是《刑法》第315條之1的妨害祕密罪，而且又可再區分為第1款的偷窺偷聽行為，和第2款的偷錄行為①。

先說偷窺偷聽吧！按照法條規定，偷窺（或偷聽）必須符合「無故」「利用工具或設備」「窺視（或竊聽）」，和「他人之非公開活動、言論、談話」或「身體隱私部位」等要件。

其中和一般人觀念差異最大的，是「利用工具或設備」這一點，必須達到能增加一般人視聽能力才算數，例如利用望遠鏡或監視器。如果是用肉眼偷窺的話，只能構成《社會秩序維護法》第83條第1款②，處以最高新臺幣六千元的行政罰鍰。

也許有人會問，那麼戴眼鏡或助聽器，不是也是利用工具或設備增加視聽能力嗎？但實務上認為，眼鏡和助聽器是「恢復」視聽能力，而非增加，所以戴眼鏡偷窺和用肉眼是一樣的情況，不然近視的人比較容易犯法，這樣的法律規定也未免太奇怪了。

其次是，不只是偷窺「身體隱私部位」，如果偷窺偷聽到「他人之非公開活動、言論、談話」，也是犯法的。舉例來說，同樣是洗澡，在密閉的浴室裡洗澡，就算穿著泳衣，也是非公開活動；但如果在露天浴池洗澡，就不能算非公開活動。

最後是「無故」，這邊的無故必須嚴格到**具有法律規定的正當原因**才行。如果只有道德上的正當性，比如為了怕老公出軌而安裝監視器，是不能主張非「無故」的。

至於《刑法》第315條之1第2款規定的偷錄行為，和第1款大同小異，必須符合「無故」「以錄音、照相、錄影或電磁紀錄」「竊錄」，和「他人之非公開活動、言論、談話」或「身體隱私部位」等條件。

這邊的「無故」和「他人之非公開活動、言論、談話」或「身體隱私部位」，都和第1款一樣，就不再特別解釋。要說明的是，人體並沒有可錄音錄影的器官，所以要偷錄，想必是利用工具和設備，這邊只是特別列舉出「錄音、照相、錄影或電磁紀錄」都可以是構成竊錄的一種方式。事實上，現在的智慧型手機既能錄音錄影又能拍照，本身就非常有可能做為竊錄的工具，並不像一般人想像中那樣，必須用到針孔攝影機、錄音筆這些工具才能竊錄。至於什麼是「電磁紀錄」呢？像是GPS定位，就是一種可以記錄他人非公開活動的電磁紀錄。

最後要說明的是，《刑法》第315條之1的妨害祕密罪，只針對**故意行為**處罰；也就是說，如果拍攝風景時，不小心拍到他人洗澡，這屬於過失行為，是不會構成本罪的。

因此在文章中，樵夫雖然偷窺仙女沐浴，但由於他並沒有使用任何可增加視聽能力的工具或設備，所以只能用《社會秩序維護法》，頂多罰他六千元罷了。

①刑法第315條之1：「有下列行為之一者，處三年以下有期徒刑、拘役或三十萬元以下罰金：

一、無故利用工具或設備窺視、竊聽他人非公開之活動、言論、談話或身體隱私部位者。

二、無故以錄音、照相、錄影或電磁紀錄竊錄他人非公開之活動、言論、談話或身體隱私部位者。」

②社會秩序維護法第83條第1款：「有下列各款行為之一者，處新臺幣六千元以下罰鍰：

一、故意窺視他人臥室、浴室、廁所、更衣室，足以妨害其隱私者。」

你的孩子不是你的孩子

親權不是父母愛怎麼樣就怎麼樣

有一天，孔融剛回到家，看到桌上有一大一小兩顆梨子。孔融順手拿起小梨子想吃。

爸爸在一旁看到了，便笑著問他：「這大梨子鮮甜多汁，你爲什麼不挑大的呢？」

孔融回答：「我年紀小，應該拿小梨子，大的應該留給哥哥吃。」

沒想到爸爸說：「你這個想法不對。經濟學告訴我們，每個人都應該做出理性選擇，追求成本和利益差的最大化。你在兩顆梨子之間挑選所花的成本相同，但是大梨子有較高的附加經濟利益，當然應該選大梨子呀！你都已經四歲了，經濟學還那麼差，將來要如何成爲三國菁英呢？」

這時，一旁的媽媽插話：「經濟學上，當資源具有稀少性時，除了個體的理性選擇，還應該考慮對整體最有效率的分配方式。現在梨子只有兩顆，融兒才四歲，就算拿了大梨子也吃不完，所以他挑自己吃得完的小梨子，留下哥哥才吃得下的大梨子，這才是具有**柏拉圖效率**的行爲，你怎麼反而責怪他呢？照你的教法，才教不出三國菁英吧！」

孔融的爸爸和媽媽因此大吵一架，最後就離婚了。這就是「孔融讓離」的由來。

雷丘律師有話要說

夫妻間對於未成年子女管教方式的差異，常常也是離婚的原因之一。不過雷丘律師這一篇暫時不討論離婚事由，而是想和大家談談親權的問題。

首先，父母對子女有管教權，這是《民法》有明文規範的①。也就是說，父母對未成年子女，不但有保護、養育、管教的**義務**，這些也同時是父母的**權利**。那麼，父母可以管教到什麼程度呢？《民法》上，這稱為父母的

懲戒權②，允許父母在**必要範圍**內，以責罵或輕微責打等方式來處罰未成年子女。但由於這些懲戒方式必然會造成未成年子女精神或肉體上的痛苦，所以，法律也只允許父母出於**保護教養**的目的，並在必要範圍內，才能行使懲戒權。

至於什麼是必要範圍呢？實務上認為，必須考量未成年子女的家庭環境、性別、年齡、健康狀況、個性、犯錯的情節輕重，最後再用一般社會上大多數人可以接受的標準，來決定是否為必要範圍。

比如說，在孩子還小的時候，如果犯了錯，父母脫下他的褲子、用手打屁股做為懲罰，只要別打得太用力，應該都還在一般社會大眾可以接受的範圍內。但如果未成年子女已經上國中、進入青春期，父母還要叫他光屁股挨揍，那就不太適當了。

必須提醒的是，如前面所說，父母只能出於**保護管教**的目的行使懲戒權。如果只是為了發洩情緒，把子女當成出氣筒，那麼不管多輕微的管教方式，都不是法律所准許的。儘管子女仍未成年，但他們是法律上獨立具有人格的個體，「子女是父母的東西」這種觀念，早就被時代摒棄了。

另外，我們常常聽到「監護權」，這其實是「親權」的誤稱。正確來說，父母所有可以對子女行使的權利，都統稱為親權，包括前面所說的管教權、懲戒權在內。

那麼離婚時，不管夫妻雙方是協議或訴訟，他們在爭的親權到底是爭什麼？其實就是**「雙方都可以對未成年子女行使親權」**或**「只有我才能對未成年子女行使親權」**，這和未成年子女與誰同住（也就是由誰擔任主要照顧者），是兩個截然不同的問題。實務上，我們把親權中對於未成年子女的戶籍決定、學籍決定、銀行金融開戶、入出國境（比如旅遊、移民、留學）、重大侵入性醫療之同意稱為**五大重要權利**，這些都是夫妻離異時一定要談清楚的。

最後，提出**柏拉圖效率**的，並不是古希臘哲學家柏拉圖，而是義大利經濟學家暨社會學家維爾弗雷多．柏拉圖（Vilfredo Federico Damaso Pareto），指的是給固定一群人某些可分配的資源時，資源分配的一種理想狀態：如果無法在不使任何人受損的情況下，再改善某些人的境況，這種最後分配狀態就稱為柏拉圖效率③。

①民法第1084條第2項：「父母對於未成年之子女，有保護及教養之權利義務。」
②民法第1085條：「父母得於必要範圍內懲戒其子女。」
③維基百科條目：「柏拉圖效率、柏拉圖最適或帕累托最優。」

一定要白紙黑字嗎？

有些契約就是要書面加登記才算數

劉、關、張三人在桃園三結義，但他們覺得口頭契約不夠正式，於是決定立一份書面契約。

僕人把筆墨紙硯擺好，但張飛一想到要寫毛筆字就頭痛，順口問旁邊的關羽：

「我字很醜，你呢？」

關羽一抱拳，說：「很醜你好，我字雲長！」

雷丘律師有話要說

前面和大家說過契約的基本概念：只要雙方意思表示合致，就可以成立契約，而且大部分的契約都不需要白紙黑字，也就是口頭約定就可以了。但是有原則就有例外，這邊雷丘律師想和大家講一下，有哪些契約可不是口頭說說就行的。

第一種比較常見的分類是**「要式契約」**和**「不要式契約」**。所謂的「要式」，就是「要求一定的形式」，因此我們大概可以這樣理解：口頭契約是一種不要式契約，因為不要求一定的形式，只要有意思表示就可以了，像是前面提過的買賣契約。

但如果是《民法》上要求必須有固定方式或程序才能成立的，就是要式契約，其中，書面就是最常見的一種固定方式。比如說，不動產物權①、結婚②、離婚③，都要求有書面契約，而且必須登記。換句話說，只是雙方白紙黑字寫一寫還不算數，得拿著書面去登記才算。之所以會這樣規定，就是因為買房子、結婚、離婚……都是人生大事，法律不希望當事人草率做出決定，才強制當事人一定要慎重其事。

另一種分類法是**「諾成契約」**和**「要物契約」**。從字面上來看，「諾成契約」也很像只要口頭說說就可以，不過這邊是以**要不要交付標的物**（交錢、交貨）來分類的，倒不是口頭和書面的區分。比如說，買賣契約是一種諾成契約，不需要一手交錢、一手交貨就能成立；借貸契約則屬於要物契約，因為《民法》明文規定，凡是借東西，就必須交付東西[4]；借錢，就必須交付錢[5]，借貸契約才會成立。另一方面，買賣契約和借貸契約都屬於不要式契約，是不需要白紙黑字的。

①民法第758條：「不動產物權，依法律行為而取得、設定、喪失及變更

者，非經登記，不生效力。

前項行為，應以書面為之。」

②民法第982條：「結婚應以書面為之，有二人以上證人之簽名，並應由雙方當事人向戶政機關為結婚之登記。」

③民法第1050條：「兩願離婚，應以書面為之，有二人以上證人之簽名並應向戶政機關為離婚之登記。」

④民法第464條：「稱使用借貸者，謂當事人一方以物交付他方，而約定他方於無償使用後返還其物之契約。」

⑤民法第474條第1項：「稱消費借貸者，謂當事人一方移轉金錢或其他代替物之所有權於他方，而約定他方以種類、品質、數量相同之物返還之契約。」

虛擬世界我是誰

網路發言多小心，侮辱誹謗遠離你

一

曹操和劉備煮酒論英雄。

曹操說：「天下英雄，唯使君與孟德耳。」

劉備正想假裝嚇到裝孬，這時一名西域書生閃了進來。

孟德爾：「丞相你找我？」

曹操：「笨蛋！種你的豌豆去，少煩我！」

劉備手裡的筷子笑到掉在地上。

這是曹操對於遺傳學的重大貢獻。

二

赤壁大戰前夕，曹操眼見江水滔滔，銀盔金甲，不由得詩興大發：「月明星稀，烏鵲南飛。繞樹三匝，何枝可依？」

一旁的軍師荀攸提醒：「報告丞相，那是斑鳩！」

曹操一面想著斑鳩，一面尋思：「我年紀漸長，公務繁重，連烏鵲和斑鳩都會弄錯！等到此役結束，我定要將手中的權力分給曹丕和曹植，三人分立共治！」

史家稱此爲：孟德思鳩・三權分立。

這是曹操對於政治學的重大貢獻。

三

曹操受封魏王後，一晚，與司馬懿、夏侯惇一同夜宴。

酒過三巡，菜過五味，曹操醉了個不省人事。

正當司馬懿、夏侯惇打算趁機離去，曹操居然說起夢話：「林北現在是魏王了，你們說孟德爽不爽啊？」
司馬懿、夏侯惇趕緊回答：「孟德爽！孟德爽！孟德你爽！」
史家稱此為：孟德爾頌．仲夏夜之夢。
這是曹操對於音樂史的重大貢獻。

雷丘律師有話要說

因為網路世界的便利性和匿名性，大家每天和網友們筆戰、開炮也不是什麼新聞了。這一篇，雷丘想和大家分享日常生活中，也是實務上非常常遇到的《刑法》妨害名譽罪。

妨害名譽罪中最常被大家提到的，就是**公然侮辱罪**①和**誹謗罪**②。這兩項罪不但經常彼此混淆，而且還常被誤解為「只要罵人就是犯了妨害名譽罪」，所以常有網友在網路上和人吵架，吵完了一時不爽，就跑到警察局說要提告，讓警察杯杯忙得不亦樂乎。在這邊，就讓雷丘律師就好好為大家解析吧！

首先是公然侮辱罪。首先大家一定要先有一個觀念，公然侮辱是一項**妨害名譽**的犯罪，也就是說，要達到**足以造成對方名譽下降**的程度才算數，並不是只要一罵人就犯罪；不然以後老闆不敢罵員工，老師不敢罵學生，皇城之內一片祥和，這真的是我們要的結果嗎？

那到底要罵到什麼程度才算數呢？雖然說，標準是足以造成一個人名譽下降，但是因為名譽的下降很難量化，所以套一句《憲法》八股文「人性尊嚴」，也就是如果罵人的用詞和當時的情境，都足以貶損對方的人性尊嚴、否定對方的人格，才算是侮辱。

比如說，罵對方是「白癡」。基本上，這兩個字是形容一個人智商很低的貶義用詞，足以貶損對方的人性尊嚴。但如果罵的是「幹」，就要考慮當時的情況了；不然和朋友見面時，只是隨口說了聲「幹，你來囉！」就要挨告，以後大家還要不要正常交朋友呀！

另外一個要說明的是**公然**的概念，如果是隨便哪個人都可以看到、聽到的場所，例如公園、百貨公司、戲院，甚至是虛擬的公開社交平臺、論壇、通訊軟體群組都算。

但如果是封閉式場所或虛擬的封閉式群組，就要看聽聞者有沒有達到「公眾」的程度。俗話說三人成眾，所以標準的確也是除了罵人和被罵的人以外，還要有第三個人聽聞才算公然。所以，如果有人私訊罵你，即便使用的話語已達侮辱的程度，但因為不算公然，自然也就不會觸犯公然侮辱罪了。故事中，曹操罵了孟德爾「笨蛋」，姑且不論有沒有達到足以造成對方名譽下降的程度，如果只有劉備聽到，是不構成公然侮辱罪的。

其次說到誹謗罪。第一個要說明的是，**誹謗罪並沒有「公然」的概念**，所以前面所說、關於公然侮辱罪的那些限制，誹謗罪統統不適用。但由於誹謗罪仍是一項**妨害名譽**的犯罪，而一個人的名譽和他在眾人中的評價是直接相關的，所以在這方面，誹謗罪其實比公然侮辱罪還要寬鬆，只要能讓**誹謗性言論**流通、散布於眾就可以了。

接著，我們針對誹謗性言論來討論。這並不是公然侮辱罪那種罵人的概念，而是在足以造成他人名譽下降的條件下，只要**散布**、**捏造非事實資訊**，或者**即使是事實，但單純與對方私德有關，無涉公益**的事件，都是誹謗性言論。另外，就算只是傳述他人可受公評的事實，如果**做出過度、不適當的評論**，導致對方名譽下降，也是有可能觸犯誹謗罪的。

另一點要注意的是，誹謗罪之中有**加重誹謗罪**的規定，也就是以文字或圖畫來誹謗他人，罪加一等的意思。有人會說：「那網路言論不就中了嗎？」沒錯！所以網路時代，大家一旦踩線，所犯的都是加重誹謗罪，這是妨害名譽罪裡面最重的，最高可處兩年以下有期徒刑。所以我們和網友筆戰、開炮時，不得不謹慎呀！

最後，為了保障言論自由，不至於因為公然侮辱罪和誹謗罪的存在而造成寒蟬效應，導致大家都不敢發表言論（這也不是《刑法》規定妨害名譽罪的目的），所以針對這兩項罪名，有法定的免責條件[3]。

比如說，最常用到的就是《刑法》第311條第3款：「對於可受公評之事，而為適當之評論者。」比如說一名公眾人物，特別是政治人物，他的一舉一動許多時候都與公共利益相關。這時，只要所做出的評論適當，就算已達到造成對方名譽下降的程度，也因為有這條規定的存在，而得以免責。

①刑法第309條：「公然侮辱人者，處拘役或九千元以下罰金。
以強暴犯前項之罪者，處一年以下有期徒刑、拘役或一萬五千元以下罰金。」

②刑法第310條：「意圖散布於眾，而指摘或傳述足以毀損他人名譽之事者，為誹謗罪，處一年以下有期徒刑、拘役或一萬五千元以下罰金。
散布文字、圖畫犯前項之罪者，處二年以下有期徒刑、拘役或三萬元以下罰金。
對於所誹謗之事，能證明其為真實者，不罰。但涉於私德而與公共利益無關者，不在此限。」

③刑法第311條：「以善意發表言論，而有左列情形之一者，不罰：

一、因自衛、自辯或保護合法之利益者。

二、公務員因職務而報告者。

三、對於可受公評之事，而為適當之評論者。

四、對於中央及地方之會議或法院或公眾集會之記事，而為適當之載述者。」

飛雪連天射白鹿，笑書神俠倚碧鴛

倚天劍、屠龍刀，大俠也要學法律

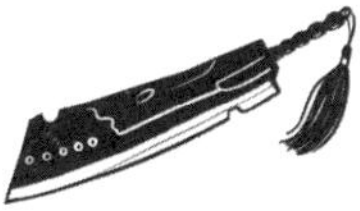

一、黃蓉在鑄刀鑄劍前，和郭靖兩人窮一月心力，繕寫兵法和武功精要，分別藏在刀劍之中。屠龍刀中藏的乃是兵法，此刀名為「屠龍」，意為日後有人得到刀中兵書，當可驅除韃子，殺了韃子皇帝。倚天劍裡藏的則是武學祕笈，其中最為寶貴的，乃是一部《九陰真經》和一部《降龍十八掌掌法精義》，盼望後人習得劍中武功，替天行道，為民除害。請問兵法和武學祕笈之於屠龍刀和倚天劍的關係是？

（A）兵法和武學祕笈為主物，刀劍為從物

（B）兵法和武學祕笈為從物，刀劍為主物

（C）兵法和武學祕笈是主物的成分

（D）各自為獨立之物

二、峨嵋派的滅絕師太說：「郭大俠夫婦鑄成一刀一劍之後，將寶刀授給兒子郭公破虜，寶劍傳給本派郭祖師（即郭襄）。當然，郭祖師曾得父母傳授武功，郭公破虜也得傳授兵法。但襄陽城破之日，郭大俠夫婦與郭公破虜同時殉難。」若此言屬實，當時屠龍刀的所有權歸屬應爲？

（A）應爲宋朝朝廷所有

（B）應爲拾獲的軍士所有

（C）應爲郭襄所有

（D）應爲無主物

三、郭襄生前竭盡心力尋訪屠龍寶刀，始終沒有成功；逝世之時，將刀劍的祕密傳給了徒弟風陵師太。張無忌交還斷成兩截的倚天劍給峨嵋派時也說：「此劍原是貴派之物。」若倚天劍是郭襄創立的峨嵋派資產，其原因不可能爲？

（A）贈與

（B）現物出資

（C）遺贈

（D）繼承

四、峨嵋派大師兄孤鴻子曾向滅絕師太借倚天劍，卻在和楊逍比武後，氣到途中染病，就此不起，倚天劍也被當地官府取了去，獻給朝廷。此時峨嵋派可以行使的權利不包括以下何者？

（A）所有物返還請求權

（B）不當得利返還請求權

（C）損害賠償請求權

（D）占有返還請求權

五、花開花落，花落花開。少年子弟江湖老，紅顏少女的鬢邊終於也見到了白髮，屠龍刀也因年代久遠，流落江湖。在屠龍刀流落江湖期間，它不可能是？

（A）埋藏物

（B）無主物

（C）遺失物

（D）盜贓物

六、武當三俠之一的俞岱巖初見屠龍刀時，長白三禽正以爐火煉刀，企圖解開屠龍刀的祕密。只見火焰由紅轉青，由青轉白，但屠龍刀卻始終黑黝黝的，竟沒起半點暗紅之色。長白三禽的行爲是否構成毀損罪？

（A）是，因爲長白三禽有毀損屠龍刀的故意

（B）否，因爲並未產生致令屠龍刀不堪用的結果

（C）是，因爲毀損罪也懲罰過失

（D）否，因爲即使毀損屠龍刀，也不足以生損害於公衆或他人

七、王盤山一戰，屠龍刀落入金毛獅王謝遜之手。謝遜取得屠龍刀的過程，其行爲所犯之罪不包含以下何者？

（A）搶奪罪
（B）強盜罪
（C）殺人罪
（D）故意傷害致重傷罪

八、謝遜笑道：「那你們就在島上陪我十年八年，我一輩子想不出，就陪我一輩子。你兩位郎才女貌，情投意合，便在島上成了夫妻，生兒育女，豈不美哉？」於是帶著屠龍刀以及張翠山、殷素素兩人前往冰火島，一避就是十年。謝遜是否可用時效取得屠龍刀的所有權？

（A）可以，因爲以所有之意思，十年間和平、公然、繼續占有他人之動產者，取得其所有權
（B）不可以，因爲謝遜不符合和平要件
（C）不可以，因爲謝遜不符合公然要件
（D）不可以，因爲謝遜不符合繼續要件

九、綠柳山莊中，明教群雄目光灼灼，不離倚天劍。但關心則亂，最後中了趙敏之計，張無忌只能在陷阱中扯脫了趙敏的鞋襪，並以九陽神功輸入她兩足心的「湧泉穴」，才得以脫身。請問張無忌所為，在《刑法》上如何評價？

（A）強制罪

（B）傷害罪

（C）強制猥褻罪

（D）正當防衛

十、萬安寺寶塔大火，張無忌縱聲叫道：「塔上各位前輩，請逐一跳將下來，在下在這裡接著！」滅絕師太從塔上跳下，死志已決，又決不肯受明教半分恩惠，反手一掌擊出，張無忌的掌力被她這一掌轉移了方向，喀喇一響，滅絕師太重重摔在地下，登時脊骨斷成數截而亡。請問在《刑法》理論上應如何解釋滅絕師太之死？

（A）第三人介入之行為

（B）被害人自陷風險

（C）因果關係異常

（D）信賴原則

雷丘律師有話要說

這是在雷丘律師粉專裡很熱門的幾道題目，雷丘律師曾承諾粉絲們要在書中公布詳解，順便也跟大家法普一些《民法》和《刑法》的基本概念。

一、物的概念

第一題的擬答是**（B）**，**兵法和武學祕笈為從物，刀劍為主物。**

《民法》是討論人民彼此間權利義務關係如何調和的法律。由這個定義可以知道，**人**是權利義務關係裡面最主要的主體，我們稱之為**「權利主**

體」。

舉個例子，當我們說：「這部手機是我的！」轉換成法律上的說法就是：「我這個人擁有這部手機的所有權！」因為我是所有權的權利主體，所以我可以自由使用這部手機、獲得這部手機的收益（例如出租），或是處分這部手機（轉讓、出售、贈與）；換言之，也就是支配這部手機並行使所有附著於所有權上的權利。而這時候，這部手機就是所有權的**「權利客體」**，也就是**物**。

把物分成**「不動產」**①和**「動產」**②是最常見的分類，例如土地和房屋是不動產，至於不動產以外的全部都是動產，像是手機、電腦、汽車都是。

另一種分類方式，則是第一題要討論的**「主物」**和**「從物」**③。民法有所謂的**一物一權主義**，意思是說，每一個物都有一個所有權，也只能有一個所有權。可是在物理上，一件物品常常是可以分開的啊！比如電腦，不是可以分成螢幕、主機、鍵盤、滑鼠……嗎？更別說主機還能再拆成CPU、顯示卡、記憶體、主機板、電源……呢！《民法》上為了避免權利客體被主體支配時的權利義務關係太複雜，所以特別將這些小東西區分為主物的**「成分」**或**「從物」**。如果是成分，就沒有獨立屬於成分自己的所有權，但從物是有的。

例如一袋米，買賣時通常不會把袋子分開販賣、運送，因為這麼做的話，米不就散成一地了嗎？這已經不只是浪費米的問題，而是連生意都可能沒辦法做了！《民法》的訂立是為了幫助交易、增加經濟效益，而不是妨害交易，所以這時候，我們會說米袋並不是這一袋米的從物，而是**成分**，即使它在物理上真的可以拆分。

至於**從物**，最明顯的例子就是汽車的備胎。備胎之於汽車有著主從關係，有常助汽車的效用（沒有備胎的話，萬一爆胎怎麼辦），並有功能性方面的關聯；最重要的是，備胎和汽車都屬於車主！所以備胎是汽車的從物。

當然，汽車沒有備胎一樣可以跑，但法律特別規定，權利主體（車主）對汽車這項主物的處分（如出租、買賣）及於輪胎這項從物④，並不因為汽車和備胎各自有獨立的所有權而改變；也就是說，買汽車時，就會連備胎也一起買到的意思啦！

說完了主物和從物的概念，我們終於可以來解第一題了。屠龍刀和倚天劍內藏兵法和武學祕笈，所以兩者間有主從關係。當刀劍易主，兵法和武學祕笈也跟著易主，符合「所有權屬於同一人，且處分主物時，從物會跟著被處分」的規定。至於兵法和武學祕笈有沒有常助刀劍的效用，並有功能上的關聯性呢？

乍看之下似乎沒有，但是依照「海東青」德成解釋江湖傳言「武林至尊，寶刀屠龍。號令天下，莫敢不從。倚天不出，誰與爭鋒」這句話時所說的⑤：

「『屠龍』是一把刀，便是這把屠龍刀；『倚天』卻是一把劍，叫做倚天劍。這六句話的意思是說，武林中至尊之物，是屠龍刀，誰得了這把刀，不管發施甚麼號令，天下英雄好漢都要聽令而行。只要倚天劍不出，屠龍刀便是最厲害的神兵利器了。」

「你不懂得那『號令天下，莫敢不從』這八個字的含義，只道是誰捧著屠龍刀，只須張口發令，人人便得聽從。不對，不對，這可全盤想錯了。」

可見對於懂得內情的人來說，真正能號令天下、莫敢不從、誰與爭鋒的，並不是屠龍刀和倚天劍的鋒利，而是隱藏在刀劍中的祕密，也就是兵法和武學祕笈。因此屠龍刀和倚天劍對武林中人的效用，和兵法與武學祕笈的存在是密不可分的，當然也就符合了從物的最後一項要件，因此擬答選（B）。

①民法第66條：「稱不動產者，謂土地及其定著物。

不動產之出產物，尚未分離者，為該不動產之部分。」
②民法第67條：「稱動產者，為前條所稱不動產以外之物。」
③民法第68條第1項：「非主物之成分，常助主物之效用，而同屬於一人者，為從物。但交易上有特別習慣者，依其習慣。」
④民法第68條第2項：「主物之處分，及於從物。」
⑤《倚天屠龍記》第三回．寶刀百鍊生玄光。

二、繼承的概念

本題擬答選（C），**應為郭襄所有。**

本書中已有不少篇幅是關於繼承的，這邊只補充一些可能比較不容易注意到的小知識。雷丘律師當然不懂宋朝的繼承法，所以只能用臺灣現行的繼承法來解說這一題。

臺灣的繼承法是有順序性和限制的。簡單來說，姻親沒有繼承權，有繼承權的只有配偶、子孫、父母、兄弟姊妹和祖父母①。從這個角度看，郭靖、黃蓉夫婦與兒子郭破虜、女兒郭襄彼此之間是有繼承權的，只是有順序的問題②需要釐清。

在繼續解說前，我們還需要先解決一件小說中的疑案：郭家的長女郭芙呢？郭芙應該也有繼承權才對啊！

關於郭芙的生死之謎，網路上有各種版本：跟著父母弟弟一同殉國、改嫁、和丈夫耶律齊叛變、隱居……不過在繼承法上，我們只關心襄陽城破時，郭芙究竟是死是活。如果當下郭芙死了，那麼在繼承法上，她的地位就和其他三位死者（郭靖、黃蓉、郭破虜）一樣是**被繼承人**；如果當時郭芙還活著，那麼她在繼承法上的地位就和郭襄一樣，同為**繼承人**，如此而已。

再來，這些同時殉國的被繼承人們（即前面所說的三位，或許還有郭芙），其死亡的先後順序對繼承有沒有影響呢？其實是有的。理論上，後死的人可以繼承先死者的遺產，不管他後死多久，一秒鐘或一分鐘都好。但是襄陽城破，兵戰凶危，哪有人會特別注意他們幾位到底誰先死、誰後死，還特別記錄下來呢？

還好，《民法》針對這種可能成為無頭公案的事故，有特別的規定③，也就是如果很多人一起死亡、客觀上無法判斷誰先死誰後死，法律就推定他們為同時死亡。這樣一來，就不用再去深究這些被繼承人之間的繼承關係，只要討論他們和還活著的繼承人之間的繼承關係就可以了。

假設郭芙和郭靖、黃蓉、郭破虜一同殉國，由於郭襄是唯的一倖存者，而她既是郭靖和黃蓉的女兒（直系血親卑親屬），也是郭破虜與郭芙的手足，因此他們所有人的財產，都將由郭襄一人繼承，當然也包括屬於郭破虜遺產的屠龍刀。

但如果郭芙在襄陽城破時還活著，則郭芙和郭襄在繼承法上的地位相當，兩人將共同繼承郭靖、黃蓉和郭破虜的遺產④。而在遺產分割前，所有遺產都是**公同共有**（共有人共同擁有全部所有權）的狀態⑤，當然也包括屠龍刀在內。

由於第一題並沒有「郭芙和郭襄共同繼承屠龍刀」的選項，因此最適合的答案，是假設郭芙已和父母弟弟一同殉國的情況，因此屠龍刀應由郭襄一人繼承，擬答選（C）。

①民法第1138條：「遺產繼承人，除配偶外，依左列順序定之：

一、直系血親卑親屬。

二、父母。

三、兄弟姊妹。

四、祖父母。」

②民法第1139條：「前條所定第一順序之繼承人，以親等近者為先。」

③民法第11條：「二人以上同時遇難，不能證明其死亡之先後時，推定其為同時死亡。」

④民法第1141條：「同一順序之繼承人有數人時，按人數平均繼承。但法

律另有規定者，不在此限。」

⑤民法第1151條：「繼承人有數人時，在分割遺產前，各繼承人對於遺產全部為公同共有。」

三、法人的概念

第三題是要選錯的，最不可能的選項就是**（D），繼承。**

如果只是要猜出答案，其實並不難，但雷丘律師還是想利用機會說一下**法人**的概念。前面說過，人是《民法》中的權利主體，但其實《民法》裡的人分成兩種：**自然人**和**法人**。所謂的自然人就是你、我、他，自然而然從媽媽肚子裡出生，然後總有一天要死掉的人①；法人則是透過法律賦予它「人」的地位，和自然人一樣可做為權利主體②。

但仍有一些專屬於自然人的權利義務，是法人不能享有的。例如法人不會結婚，所以沒有配偶權；法人沒有身體，所以也沒有身體權。但是法人一樣有名譽權，所以要看權利的類型去判斷。

常見的法人類型，例如非營利性質的法人，有社團法人和財團法人；營利性質的法人，則有合作社和公司。公司是最常見的營利法人，在臺灣常見的公司，又可分為有限公司和股份有限公司。

第三題最重要的關鍵在於峨嵋派的**性質**。峨嵋派顯然不是自然人，但它是哪一種法人呢？小說中沒寫，而在臺灣，宗教法人多半是以財團法人的性質存在。財團法人既然是由捐贈的財產所成立[3]，所以像峨嵋派這樣的宗教財團法人，當然也可以接受如倚天劍這樣的實物捐贈，因此（A）**贈與**是有可能的。

《民法》也規定，宗教財團法人可以接受遺囑捐助，所以（C）**遺贈**也是有可能的。而在本題中，贈與和遺贈最大的差別，在於如果郭襄還在世時，就把倚天劍送給自己一手創立的峨嵋派，這就叫做贈與。如果郭襄活著的時候，一直把倚天劍帶在身邊，並沒有轉移其所有權；等到過世時，才透過遺囑把倚天劍留給峨嵋派，這樣就是遺贈。

那麼，峨嵋派有沒有可能是公司呢？郭襄如果說「我峨嵋派擺明著就是要營利，我不要當非營利的財團法人」，行不行？法律上的確沒有明文規定，宗教團體不可以成立公司；而不管是有限公司或股份有限公司，都可以用現金以外的財產出資④⑤，這就是有別於**現金出資**的**現物出資**，因此**（B）現物出資**也是有可能的。

最後，由於法人是沒有爸爸媽媽的，所以法人並沒有繼承權，繼承權是自然人專屬的權利，因此本題的擬答為（D）。

①民法第6條：「人之權利能力，始於出生，終於死亡。」

②民法第26條：「法人於法令限制內，有享受權利負擔義務之能力。但專屬於自然人之權利義務，不在此限。」

③民法第60條第1項：「設立財團者，應訂立捐助章程。但以遺囑捐助

者，不在此限。」

④公司法第99條之1：「股東之出資除現金外，得以對公司所有之貨幣債權、公司事業所需之財產或技術抵充之。」

⑤公司法第131條第3項：「發起人之出資，除現金外，得以公司事業所需之財產、技術抵充之。」

四、所有權的概念

本題擬答為（D），**占有返還請求權是無法行使的。**

前面說過，物是最主要的權利客體，而物上所附著的所有權，則是最主要的物權。所有權具有優先性、絕對性、排他性，意思是所有權人可以對世界上所有人行使所有權，這一點與只能對特定人行使的債權大不相同，所以我們才說，物權是非常強的一種權利。當物上附著的所有權受到侵害，法律就會賦予所有權人救濟的權利，這就叫做**物上請求權**①。

物上請求權就像斯斯一樣，主要有三種：**所有物返還請求權、所有權妨害除去請求權、所有權妨害防止請求權。**在本題中，峨嵋派既然是倚天劍的所有權人，而倚天劍目前被朝廷無權占有中，峨嵋派當然可以行使所有物返還請求權，請求朝廷返還倚天劍。所以選項（A）**所有物返還請求權**是可以行使的。

其次，前面說明過，所有權人可以自由使用、收益、處分所有物，峨嵋派對倚天劍當然也享有這樣的權利。在朝廷無權占有倚天劍的期間，峨嵋派既不能使用，也不能獲得收益，更別談處分所有權了。這時，我們說朝廷享受了一種「我拿著倚天劍，我可以任意用鋒利的倚天劍砍人」的利益，但這項利益本來應該只有倚天劍的所有權人才能享有，因此法律上會說朝廷有**不當得利**②。

舉個例子，如果朝廷沒有霸占倚天劍，峨嵋派至少還可以拿去租人吧！所以朝廷應該賠償峨嵋派少收的租金，實務上稱為返還**「相當於租金的不當得利」**，所以選項（B）**不當得利返還請求權**是可以行使的。

接下來的侵權行為③大家就比較熟悉了。地方政府撿到倚天劍，本來應該公開招領，尋找遺失人（孤鴻子）或所有人（峨嵋派），但他們並沒有這樣做，反而直接獻給了朝廷。這是**故意**或**過失**侵害了峨嵋派對倚天劍的所有權，峨嵋派自然可以對地方政府行使損害賠償請求權。

最後，物權法除了保護所有權外，也保護「占有」這種事實上的狀態。本題中，峨嵋派雖是倚天劍的所有權人，但同時也因為把倚天劍借給了孤鴻子，和孤鴻子之間訂有使用借貸契約。此時，孤鴻子**直接占有**倚天劍，峨嵋派則透過孤鴻子**間接占有**倚天劍；換言之，他們都是占有人。但後來孤鴻子過世了，他無法再占有倚天劍，因此前面所說的直接占有和間接占有狀態就消失了。既然峨嵋派已不是占有人，自然就無法行使占有返還請求權④。因此本題擬答為（D）。

①民法第767條第1項：「所有人對於無權占有或侵奪其所有物者，得請求返還之。對於妨害其所有權者，得請求除去之。有妨害其所有權之虞者，得請求防止之。」

②民法第179條：「無法律上之原因而受利益，致他人受損害者，應返還其利益。雖有法律上之原因，而其後已不存在者，亦同。」

③民法第184條第1項前段：「因故意或過失，不法侵害他人之權利者，負損害賠償責任。」

④民法第962條：「占有人，其占有被侵奪者，得請求返還其占有物；占有被妨害者，得請求除去其妨害；占有有被妨害之虞者，得請求防止其妨害。」

五、動產所有權的概念

這題的擬答應該是（A）**埋藏物**。

這邊讓我們來討論一些專屬於**動產所有權**的特殊狀態。首先必須要了解的觀念是，動產的所有權，以「占有」這種事實狀態為必要①。在這樣的規定下，就會產生一些造成動產所有權變動的特殊事由。接下來我們就分別來討論一下。

首先是**埋藏物**，指的是埋沒或隱藏於他物之中，不易由外部得知其存在，而且早就不知道所有權人是誰的動產。因此《民法》直接規定，發現並占有埋藏物的人，直接取得其所有權。但為了保障埋藏地所有權人的利益，又特別規定，發現人要和地主對半分②。

無主物的概念比較簡單，就是沒有所有權人的物。最簡單的例子，就是被丟掉的垃圾，《民法》規定，誰先撿到並占有③，就算誰的。但有時我們並不是真的要丟掉，只是因為不小心遺失而喪失占有，這時候就叫做**遺失物**，撿到的人要經過一定的招領程序，如果都沒人要，才能取得所有權④。

另外還有一種情況：東西不是丟掉，也不是遺失，而是被人偷走或盜走，才喪失占有的，稱為**盜贓物**。這時候，規定可就沒有前面那幾種物那麼簡單，能讓占有人輕鬆取得所有權，不然就等於變相鼓勵收贓物了。在這種狀況下，《民法》還要區分**善意占有人**和**惡意占有人**，各有不同的規定，因為和本題關係比較不大，留待之後有機會再說明。

屠龍刀流落江湖期間，雖然數度易主，想必也有偷偷被盜走而變成盜贓物的情況。雷丘律師認為，如果江湖中有人真的埋了屠龍刀，應該也只是為了怕被人奪走，才暫時把寶刀藏起來，還不至於埋到年代久遠，連所有權人是誰都搞不清楚的情況。因此擬答應為（A）。

① 民法第801條：「動產之受讓人占有動產，而受關於占有規定之保護者，縱讓與人無移轉所有權之權利，受讓人仍取得其所有權。」

②民法第808條：「發見埋藏物而占有者，取得其所有權。但埋藏物係在他人所有之動產或不動產中發見者，該動產或不動產之所有人與發見人，各取得埋藏物之半。」

③民法第802條：「以所有之意思，占有無主之動產者，除法令另有規定外，取得其所有權。」

④民法第803條：「拾得遺失物者應從速通知遺失人、所有人、其他有受領權之人或報告警察、自治機關。報告時，應將其物一併交存。但於機關、學校、團體或其他公共場所拾得者，亦得報告於各該場所之管理機關、團體或其負責人、管理人，並將其物交存。

前項受報告者，應從速於遺失物拾得地或其他適當處所，以公告、廣播或其他適當方法招領之。」

六、毀損罪的概念

這一題的擬答是（B）**否，因為並未產生致令屠龍刀不堪用的結果，所以沒有構成毀損罪。**

毀損罪是一般人很容易產生誤會的一項罪名，最容易誤會的點在於**以為弄壞東西就是犯了毀損罪**。《刑法》是國家行使刑罰權的依據，所以不應該隨便出動，能交給《民法》《行政法》處理的，就交給它們，這稱為「刑罰的最後手段性」。如果真的那麼容易就犯罪，就會演變成就算只是隨便打破一只花瓶，也會被抓去關，這樣動輒得咎的社會並沒有比較好吧！

毀損罪至少要有幾項要件[1]。首先，主觀上必須是**故意毀損**，意思是毀損罪不罰過失。最明顯的例子就是車禍，因為大概沒有人是故意去撞人的，所以只有車損的車禍，不會有毀損罪的問題，也因此只能依照《民法》的侵權行為來求償。

其次，必須發生他人器物**毀棄**、**損壞**或**不堪使用**的情況。意思是不只毀壞他人器物要罰，丟棄或讓器物失去功能也算，因此故意丟掉別人的物品、讓他找不回來，也是毀損罪的處罰範圍。

再其次，前面指出的三種毀損態樣，必須**足以讓公眾或他人產生損害**。比如把鄰居栽種的花剪掉，雖然明年春天花一樣會再開，但是毀損的程度已足以讓鄰居產生損害，好一陣子聞不到花香，一樣構成毀損罪。

看完以上的說明，再來看看長白三禽火烤屠龍刀案。首先，長白三禽可能早就知道屠龍刀中暗藏祕密，所以想火烤看看會有什麼變化，這當然是毀損屠龍刀的**故意**，而不是**過失**。其次，說是火烤寶刀，事實上是用爐火煉刀，只因為屠龍刀特別強壯，所以沒壞；要是換成普通寶刀，早就熔毀了。不過由於沒有發生前面所說三種毀損的態樣，也就不用討論是否會讓公眾或他人發生損害了，故擬答為（B）。

①刑法第354條：「毀棄、損壞前二條以外之他人之物或致令不堪用，足

以生損害於公眾或他人者，處二年以下有期徒刑、拘役或一萬五千元以下罰金。」

七、搶奪、強盜等罪的概念

本題的擬答應該是**（D）故意傷害致重傷罪。**

財產相關的犯罪態樣非常豐富。不過我們金毛獅王謝遜這次在王盤山上奪刀，可不會溫良恭儉讓，因此這一題，雷丘律師主要來談一下暴力的財產犯罪。

首先是**搶奪罪**，這是一種趁人不備而公然掠取財物的犯罪①；**強盜罪**則是使用暴力（比如強暴、脅迫、藥劑、催眠術或其他方法），使人不能抗拒，進而直接取走或交付財物的犯罪②。

簡單來說，搶奪罪所使用的暴力，主要施加在**要奪取的財物**上，只是讓被害人來不及防備而已，比如騎車搶劫路邊女性的皮包。但強盜罪是**直接將**

暴力施加在被害人身上，而且還要達到被害人不能抗拒的地步，比如持槍搶劫。

至於**殺人罪**[3]，大家應該都很熟悉，這邊就略過不談。另外還有**故意傷害致重傷罪**，值得在這裡說明一下。如果謝遜今天故意把人打成重傷，也真的產生了重傷的結果，這就是**重傷罪**[4]；如果他本來只打算把人打成輕傷，結果一個不小心，輕傷狀態變嚴重了，進而產生重傷的結果，那就是**輕傷的故意**再加上**重傷的過失**所導致的，稱為**故意傷害致重傷罪**[5]。

在《倚天屠龍記》中，屠龍刀落入天鷹教手中後，該教便廣發武林帖，於王盤山舉辦揚刀立威大會。現在我們來看看謝遜在王盤山犯了哪些罪。

首先，他一出場，便在天鷹教朱雀壇壇主常金鵬面前公然奪刀，同時用狼牙棒往後一推，擋住西瓜流星錘，讓雙瓜撞擊常金鵬胸口，並因此倒地斃命。雷丘律師認為，這個連續動作有機會解釋成**搶奪致死**。

接著，分屬不同門派的元廣波、麥鯨、過三拳等人屍橫倒地，謝遜的**殺人罪**想必也賴不掉。至於後來刺瞎麥鯨之子——麥少幫主一眼，再用獅吼功讓所有人神經錯亂、變成瘋子，顯然都是基於**使人重傷的故意**，更顯示金毛獅王的殘忍狠毒。最後，他以暴力奪走屠龍刀，構成**強盜罪**也是沒有問題的。所以本題的擬答應該是（D），對於這些對手，謝遜可是完全沒有打算手下留情，只打算讓他們輕傷的哦。

①刑法第325條：「意圖為自己或第三人不法之所有，而搶奪他人之動產者，處六月以上五年以下有期徒刑。

因而致人於死者，處無期徒刑或七年以上有期徒刑，致重傷者，處三年以上十年以下有期徒刑。

第一項之未遂犯罰之。」

②刑法第328條：「意圖為自己或第三人不法之所有，以強暴、脅迫、藥劑、催眠術或他法，至使不能抗拒，而取他人之物或使其交付者，為強盜

罪，處五年以上有期徒刑。

以前項方法得財產上不法之利益或使第三人得之者，亦同。

犯強盜罪因而致人於死者，處死刑、無期徒刑或十年以上有期徒刑；致重傷者，處無期徒刑或七年以上有期徒刑。

第一項及第二項之未遂犯罰之。

預備犯強盜罪者，處一年以下有期徒刑、拘役或九千元以下罰金。」

③刑法第271條：「殺人者，處死刑、無期徒刑或十年以上有期徒刑。

前項之未遂犯罰之。

預備犯第一項之罪者，處二年以下有期徒刑。」

④刑法第278條：「使人受重傷者，處五年以上十二年以下有期徒刑。

犯前項之罪因而致人於死者，處無期徒刑或十年以上有期徒刑。

第一項之未遂犯罰之。」

⑤刑法第277條：「傷害人之身體或健康者，處五年以下有期徒刑、拘役或五十萬元以下罰金。

犯前項之罪，因而致人於死者，處無期徒刑或七年以上有期徒刑；致重傷者，處三年以上十年以下有期徒刑。」

八、動產時效取得的概念

本題擬答是（C）**不可以，因為謝遜不符合公然占有的要件。**

俗話說，法律不保護讓權利睡著的人。為了讓《民法》上的物得以物盡其用，《民法》特別設計了**時效取得制度**，當某物的真正權利人長期不行使權利，同時又有其他人想取得此物的所有權時，只要經過一定的時間，法律就會讓他代替原來的真正權利人、取得所有權，這就是時效取得制度。

因為屠龍刀是動產，所以雷丘律師在這邊只說明動產的時效取得。首先，在主觀上，無權占有人必須有「將他人動產占為己有」的意思；客觀上則要滿足**和平**、**公然**、**繼續占有**達五年或十年，就可以取得動產的所有權。

如果占有人在占有之初並不知道自己沒有所有權，而且也沒有過失，就會被認為是**善意的占有人**，只要經過五年，就可以取得所有權①。反之，若非善意占有人，一律都會被視為**惡意占有人**，必須經過較長的十年期間，才能取得所有權②。

謝遜在王盤山上奪走屠龍刀，他當然知道自己不是所有權人，所以是惡意占有人，必須和平、公然、繼續占有屠龍刀十年，才能取得所有權。不過《民法》之所以設計公然占有的要件，主要是希望占有人不得以隱密方式為之，必須公然占有，好讓其他人仍有主張權利的機會。但謝遜一拿到屠龍刀，就跑到冰火島躲起來，所以並不符合公然占有的要件。依照規定，他待在冰火島上的這段期間，時效是中斷的③，因此他並沒有時效取得屠龍刀的所有權，本題擬答是（C）。

①民法第768條之1：「以所有之意思，五年間和平、公然、繼續占有他

人之動產，而其占有之始為善意並無過失者，取得其所有權。」

②民法第768條：「以所有之意思，十年間和平、公然、繼續占有他人之動產者，取得其所有權。」

③民法第771條：「占有人有下列情形之一者，其所有權之取得時效中斷：

一、變為不以所有之意思而占有。

二、變為非和平或非公然占有。

三、自行中止占有。

四、非基於自己之意思而喪失其占有。但依第九百四十九條或第九百六十二條規定，回復其占有者，不在此限。

依第七百六十七條規定起訴請求占有人返還占有物者，占有人之所有權取得時效亦因而中斷。」

九、正當防衛的概念

本題擬答選（D），**正當防衛**。

雷丘律師打算利用這一題和大家說明一下**正當防衛**。正當防衛在《刑法》上是一種**阻卻違法事由**，意思是說，明明看起來是犯罪行為，不管主觀或客觀上都符合犯罪的構成要件，但由於是行使對他人不法侵害行為的自我防衛權，所以阻卻了違法性，無罪而不罰。換句話說，正當防衛的行為不算犯罪①。

不過，從另一個角度來說，法律對正當防衛的構成要件也把關得比較嚴格。如果不符合這些要件，就很可能無法視為正當防衛，甚至會變成防衛過當，仍然要負擔法律責任。

這些要件包括哪些呢？主觀上，必須要有正當防衛的意思，也就是意識到自己正在遭受不法侵害，並做出反擊。客觀上，則必須是「現在」正在遭受侵害，而反擊的行為也要符合必要性，也就是**以排除、制止或終結侵害行為，且不能超過必要的限度。**

現在來討論一下張無忌在綠柳山莊陷阱中的行為。當時，趙敏正在對他實施的，是現在進行式的私行拘禁②；張無忌為了終結這項不法侵害，於是做出脫掉趙敏鞋襪，並將真氣輸入她兩隻腳底這外觀上看起來像是強制罪的行為③。但這樣的行為足以有效讓趙敏停止對他的拘禁，而且沒有踰越必要的程度，所以應該被評價為正當防衛，不構成犯罪。本題擬答選（D）。

①刑法第23條：「對於現在不法之侵害，而出於防衛自己或他人權利之行為，不罰。但防衛行為過當者，得減輕或免除其刑。」

②刑法第302條：「私行拘禁或以其他非法方法，剝奪人之行動自由者，處五年以下有期徒刑、拘役或九千元以下罰金。

因而致人於死者，處無期徒刑或七年以上有期徒刑；致重傷者，處三年以上十年以下有期徒刑。

第一項之未遂犯罰之。」

③刑法第304條：「以強暴、脅迫使人行無義務之事或妨害人行使權利者，處三年以下有期徒刑、拘役或九千元以下罰金。前項之未遂犯罰之。」

十、因果關係的概念

本題擬答應該選**（B），被害人自陷風險。**

因果關係是《刑法》一個非常重要的觀念（其實《民法》上也有），但由於法條中從未出現「因果關係」這四個字，所以常常被忽略，算是一項不成文的犯罪構成要件。它指的是行為和結果之間應有因果連結的關係，實務上採取的則是**「相當因果關係理論」**①，也就是倘若行為和結果在一般生活經驗中都會發生，才能要求行為人負責；如果非常少見或罕見，甚至違反一般生活經驗，就不能要求行為人負責。

因果關係異常，指的是某項行為在一般生活經驗中並不會產生某項結果；但是很不幸的，因為另一段不尋常的因果歷程，導致這樣的結果仍然發生。這時候，行為人究竟要不要負責呢？這就要看行為和結果之間有沒有**常態關聯性**。

比如車禍重傷住院，卻因為在醫院中感染 COVID-19 而死。重傷住院當然也有可能不治，但被害人死亡的結果其實是 COVID-19 造成的，這在一般人的生活經驗中很少發生，所以並沒有常態關聯性，不能要求撞人的駕駛負責。

再舉另一個例子。如果為了殺人，先把一個人揍到半死，然後丟下橋，希望溺死他；沒想到剛好缺水，被害人反因撞到橋下的石頭而死。在一般人的生活經驗裡，把人丟到橋下、結果撞到石頭並非很罕見的事，因此具有常態關聯性，可以要求打人的加害人負責。

被害人自陷風險則是**因果關係中斷**的一種態樣。比如想毒死人，但毒物的劑量用得不夠，只足以讓被害人痛苦難當，結果被害人最後自殺身亡。雖然下毒的行為一樣造成了死亡，但畢竟被害人的死亡是自殺造成的，下毒

（行為）和死亡（結果）之間的因果關係中斷，只能與自殺結果分開評價。

第三人介入之行為是因果關係中斷的另一種態樣，和被害人自陷風險很像，不過是由不相關的第三人來截斷。比如前面的例子，為了殺人而把一個人揍得半死，正想把他丟下橋、準備溺死他時，被害人的仇人突然衝出來，趁對方奄奄一息時，開槍打死他。這時，打人打到半死（行為）和死亡（結果）之間的因果關係一樣遭到中斷，也只能和結果分開評價。

至於**信賴原則**，常用在交通事故中過失責任的判定。意思是，一位遵守交通規則、善盡注意義務的用路人，有權利信賴其他用路人也同樣會遵守交通規則、善盡注意義務。因此對於對方不可預見的違規行為，並沒有防免的義務。

在本題中，張無忌想用乾坤大挪移，救從塔上跳下的滅絕師太，但滅絕師太卻出掌抵銷張無忌的掌力，反而造成自己死亡。這種情況屬於典型的**被害人自陷風險**，造成因果關係中斷，張無忌不需要為滅絕師太的死亡負責，故本題擬答應該選（B）。

①最高法院76年臺上字第192號判決：「刑法上之過失，其過失行為與結果間，在客觀上有相當因果關係始得成立。所謂相當因果關係，係指依經驗法則，綜合行為當時所存在之一切事實，為客觀之事後審查，認為在一般情形之下，有此環境、有此行為之同一條件，均可發生同一之結果者，則該條件即為發生結果之相當條件，行為與結果即有相當之因果關係。」

PART 3

一言不合，老婆就叫我睡公園

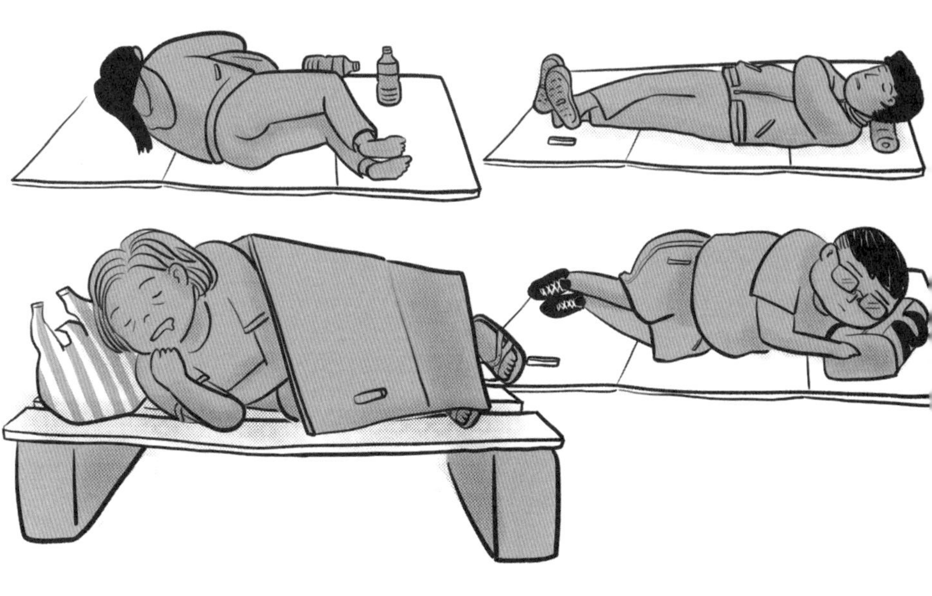

你會先救誰？

什麼都不做也會犯法的「不作為犯」

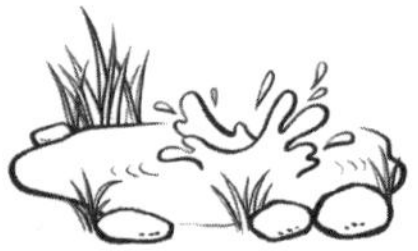

小明第一次帶小花回家吃飯。

「你從哪裡騙來那麼漂亮的女朋友？」小明的媽媽眉開眼笑：「這下子，如果媽媽和她同時掉進水裡，還眞不知道你會先救誰呢！」

小花當機立斷：「我想小明一定會先救您的！」

小明如釋重負：「對對對，我會先救媽媽。」

小明媽媽微笑看著小花：「兒子大了，果然都是聽老婆的啊……」

那一天，小明感受到即將身處兩個女人支配下的恐懼，以及被囚禁在婆媳問題中的屈辱。

雷丘律師有話要說

要先救媽媽還是女朋友這個千古送命題，不是雷丘律師能在這邊給出標準答案的。但雷丘律師可以和大家討論一下與這個送命題高度相關的法律概念：**保證人地位**。

要理解保證人地位，就要先理解《刑法》的一個重要概念：刑法處罰的是「行為」，也就是因為這項行為本身很可惡，所以處罰做出此行為的人；而不是因為這個人很可惡，所以才處罰他。講得學術一點，如果一個人積極做了足以讓侵害**法益**（法律所保護的重要權益，例如人身、名譽、公共安全）的風險升高的行為（又稱**「積極作為」**），我們就說這項行為具有**可罰性**，並依《刑法》的規定來處罰他。

然而有些時候，就算沒做什麼事，也一樣會使侵害法益的危險性升高（又稱**「消極不作為」**），這時《刑法》同樣也會處罰，這就是大家常聽說的**「不作為犯」**①。

什麼！沒做事也要被罰？那豈不是人在家中坐，刑從天上來嗎？其實，在《刑法》上，並不是每種消極不作為都能構成犯罪，除了《刑法》明文規定的不作為行為外，其他情況都必須要消極不作為的人具有「保證人地位」，才能成罪。

比較常見的保證人地位可能來自於：

一、**基於法令**，例如消防隊員在執行公務時，依法令有救助的義務。

二、**基於自願承擔保護義務**，例如保姆對於所照顧小孩的保護義務。

三、**基於密切的生活關係**，例如家長對小孩的保護照顧義務。

四、**基於危險共同體**，例如朋友相約一起登山，彼此間的照顧義務。

五、**基於危險源的監控義務**，例如獒犬等大型犬的主人，對於被咬傷者的救助義務。

六、**基於危險前行為**，例如開車不小心撞傷人，駕駛對傷者的救助義務。

七、**基於場所管理者**，例如商業場所（如賣場、餐廳），管理者有維護消費者在場所內活動安全的義務。

說了老半天，終於可以來說說這個千古難題和「保證人地位」的關係了。假設小明對溺水的媽媽見死不救，由於小明和媽媽是親人，已有密切的生活關係，對媽媽的安全也有保護義務，如果見死不救，可能就有「不作為」殺人罪的問題。

那麼，如果小明對溺水的女朋友見死不救，是不是就完全沒問題了呢？這時要看小明和女友是否已進展到有親密共同生活、類似未婚夫妻的關係。如果是，也可能會被認為有保證人地位，應該要救女友。由此可見，如果媽媽和老婆同時掉進水裡，兩人當然都和自己有密切生活關係，就更應該都救才是。

這也意味著，如果小明今天才剛認識的新女友，不幸和媽媽同時溺水，小明應該優先救媽媽才對；但這僅僅是從「密切的生活關係」所產生的保證人地位來分析的結果。如果女朋友是小明踢下水的（無論是故意、過失、開玩笑），小明都會因為危險前行為，而被認為具有保證人地位。這時，即使這位女友是今天才剛認識的，小明一樣有可能因為不救她而觸犯「不作為」殺人罪。

這樣說來，基於保證人地位，小明既應該救媽媽，也應該救女友，但他又只有救其中一人的能力，豈不是必然觸犯「不作為」殺人罪嗎？事實上，這種情況在《刑法》上是一種稱為**「義務衝突」**的阻卻違法事由，之後有機會再特別寫一個章節為大家說明（老高語氣）。

①刑法第15條：「對於犯罪結果之發生，法律上有防止之義務，能防止而不防止者，與因積極行為發生結果者同。

因自己行為致有發生犯罪結果之危險者，負防止其發生之義務。」

愛的鉗型攻勢

原來法律是這樣判斷行為和結果的關係？

小花和網友第一次見面，對方是個高大靦腆、戴著眼鏡、充滿書卷氣的男生。可是兩個人一坐下來，對方就開始玩手機，也不和小花聊天。小花心想：自己可能不是他的菜吧！便很客氣地說：「我等等還有點事，可能得先走了。」

沒想到對方竟然說：「妳等我一下，我正在 Google 怎麼和喜歡的女生聊天。」

小花拂袖而去。

十年後，小花大學同學會。

班上一位安靜害羞的女同學晚到。她搭乘一輛藍寶堅尼，並挽著一位高大靦腆、戴著眼鏡、充滿書卷氣的男士進場。

她向大家介紹：「這是我老公。」

正是十年前那個 Google 怎麼和喜歡的女生聊天的男生。

突然風雲變色、雷電交加，一道閃光過後，小花穿越過去，回到了那一刻。

小花微微一笑，留了下來。她和高大靦腆、戴著眼鏡、充滿書卷氣的男生相談甚歡，接著開始交往。

十年後，小花大學同學會。

班上一位安靜害羞的女同學遲到，她獨自一人駕駛一輛藍寶堅尼，到達宴會會場。

雷丘律師有話要說

這邊雷丘律師要和大家討論一個不管在民事或刑事上都很重要的觀念：**「相當因果關係」**。

我們在日常生活中，很容易把因果關係想像成「做了什麼，就會得到怎樣的結果」；所以如果像穿越劇一樣回到過去，不做什麼，就不會得到相同的結果。好比在故事中，小花選擇拂袖而去，就會失去一名男友；選擇留下來，就會得到一名男友。小花的選擇和有無男友之間有因果關係，稱之為**「條件因果關係」**。

但實務上，關於民事侵權行為和刑事不法行為，判斷其行為和結果間是否有因果關係時，採用的標準是更複雜的**「相當因果關係」**。因為如果用條件因果關係來判斷的話，標準會變得太寬。比如說，有人殺了人，我們可以說，如果他媽媽不生下他，他就不會殺人；媽媽生下他，就是造成他殺人的原因，所以他媽媽要負責。但是這樣一來，又可以推論出：他外婆如果不生下他媽媽、他曾外婆如果不生下他外婆……這下不就負責不完了嗎？

因此，我們在判斷因果關係是否成立時（也就是一個人所做的行為是否要為一起事件結果負責時），通常會在條件因果關係後面，再加一個更嚴格的相當因果關係為標準。

相當因果關係的標準是什麼？事實上，相當因果關係就是要**避免只考慮**

邏輯（邏輯的部分在條件因果關係就已經考慮過了），而是要依照一般人的社會生活經驗，從客觀角度思考：**在相同的環境和情況下，如果相同的行為會產生相同的結果，才會被認為有相當因果關係**[1]。

這裡用車禍當例子。出車禍時，我們一般會說，車子壞掉和車禍的發生有相當因果關係。這個大概沒什麼問題，因為從事後客觀來看，相同的兩輛車，在相同的時間及地點，用相同力道相撞，會得到一樣的車損結果，這個大家都能理解。

看完了車損，我們再來看乘客或駕駛受傷的情況。我們說，人受傷和車禍之間有相當因果關係。這個也沒什麼問題，因為從事後客觀來看，相同的兩輛車，在相同的時間及地點，用相同力道相撞，車子裡的人受傷程度會差不多，這個大家應該也可以理解。

但如果被撞的車主主張：「我的女友當初就是愛上我擁有這輛跑車，她寧可在法拉利上哭，也不要在YouBike上笑。現在我的跑車被撞得稀巴爛，所以她和我分手了。我因為失戀而有精神損害，要請求對方賠償精神慰撫金。」這邊我們一樣用相當因果關係的標準來判斷：從事後客觀來看，相同的兩輛車，在相同的時間及地點，用相同力道相撞，車主的女友都會和他分手嗎？這個顯然不符合我們的社會生活經驗，所以不會被認為有相當因果關係，當然也就不能請求賠償精神慰撫金了。

最後我們做個小結論：依照一般社會生活經驗，從事後客觀來看，在相同的環境和情況下，如果相同的行為會「高概率」地產生相同的結果，才符合相當因果關係的標準，否則我們就會說行為和結果之間沒有因果關係。雷丘律師在這裡要特別說明的是，因果關係只是**客觀構成要件**的判斷，另外還要看**主觀構成要件**（故意、過失、無故意無過失），所以並不是因果關係成立，就一定構成侵權或刑事犯罪。

① 最高法院76年臺上字第192號判決：「刑法上之過失，其過失行為與結

果間，在客觀上有相當因果關係始得成立。所謂相當因果關係，係指依經驗法則，綜合行為當時所存在之一切事實，為客觀之事後審查，認為在一般情形之下，有此環境、有此行為之同一條件，均可發生同一之結果者，則該條件即為發生結果之相當條件，行為與結果即有相當之因果關係。」

是你的？是我的？夫妻財產！

婚後財產真的一人一半？

雷丘和老婆逛街路過彩券行。

老婆：「我們來碰一下運氣吧？」

雷丘：「好啊！」

「嗯……女兒生日是九月，兒子生日是十月，我們家有四隻貓……」老婆突然回頭對雷丘嫣然一笑：「我是你第幾任女朋友？」

雷丘露出了一個最誠懇的笑容：「妳是我的初戀。」

於是我們買了四星彩，號碼「９０４１」。

當天晚上開獎，中獎號碼是「９０４９」。

二

雷丘中了樂透彩，接受記者訪問。

記者：「請問您打算怎麼使用這些獎金？」

雷丘：「還債！」

記者：「那剩下的呢？」

雷丘：「剩下的我會努力工作慢慢還！」

雷丘律師有話要說

剛才做了一個中樂透的夢，有夢最美，希望相隨……其實雷丘就算中了樂透，也是得上繳給老婆的。不過利用這個機會，雷丘律師要來和大家說明一下夫妻財產制，因為夫妻財產制和離婚，以及遺產分配時的**剩餘財產差**

額分配請求權息息相關。

首先要說明的是，臺灣的夫妻財產制一共有三種。分別是**共同財產制**、**分別財產制**、**法定財產制**。其中，共同財產制和分別財產制都是**約定財產制**的一種，必須特別約定才能適用。然而，由於在臺灣簽訂婚前契約的風氣並不興盛，因此大部分的夫妻都是適用法定財產制①。

夫妻法定財產制最重要的特色就是**混合財產制**，既不是分別財產制，也不是共同財產制，而是兼採兩者之長：在婚姻關係存續的期間，採用的是分別財產制的精神（會說是「精神」，就是因為不完全是分別財產制）；但是在婚姻關係消滅時，比如離婚或夫妻一方死亡，則是採用共同財產制的精神。這項特色和一般人印象中「兩個人在一起，財產就應該共同擁有」正好相反喔！

再進一步說明，法定財產制是把夫妻各自的財產先區分為**婚前財產**和**婚後財產**。婚前財產這一塊，是對方無論如何都動不了的；但婚後財產這一塊，則有可能要拿出來分，這就是**剩餘財產差額分配請求權**。

這邊要注意的是，雖然《民法》把夫妻財產分為婚前財產和婚後財產，但不管是哪一種，平時都是夫妻**各自擁有**的財產，夫妻各自要怎麼花用，對方是管不著的②。然而話又說回來，法定財產制度之所以這樣規定，是因為法律認為，夫妻任何一方在婚後所賺的錢，另外一半其實都有貢獻，為了平衡「我賺的錢就是我的」這種觀念的漏洞，所以才有剩餘財產差額分配請求權。而《民法》為了保障另一半行使剩餘財產差額分配請求權，便設計了一些規定，好防範有心人鑽漏洞。

例如，如果分不出是婚前還是婚後財產，《民法》就會先推定這種財產屬於婚後財產③。另外，其中一方如果為了減少另一半行使夫妻剩餘財產差額分配請求權獲得的財產，而特地移轉財產，比如趁著談離婚時脫產，《民法》也規定，在五年內處分的財產都要加回來，視為婚後財產來計算④。

說到這邊，雷丘律師來講解一個法律小常識：當我們在法條中看到「推定」，意思就是法律先把事實當成這樣，但如果能舉出證據，就可以翻案。另一方面，在法條中看到「視為」，意思就是法律不管事實是不是這樣，都把它當成這樣，就算舉出證據，也不能翻案。

最後，剩餘財產差額分配請求權如何行使呢？在法定財產制消滅的時候——最常發生的情況就是離婚、夫妻一方死亡，或夫妻在婚姻中另做約定財產制契約——婚後財產（資產和負債合計）如果是正數，財產較多的一方，要把雙方差額的一半給對方。但如果像是繼承而來的財產、精神慰撫金，這種不會因為對方在婚姻中有所貢獻而得到的婚後財產，計算時就完全不用算進來⑤。此外，如果覺得對方的貢獻根本不到一半，也可以請求法院酌減⑥。

回到這篇故事本身，雷丘如果真的中了樂透，由於購買樂透的錢是雷丘勞力所得，這一點老婆大人確實有貢獻，所以當然要計入婚後財產喔！只不過，法律上的規定是，法定財產制消滅時，才要併入婚後財產來分配；至於雷丘一中獎就上繳，那就是雷丘自己個人意願的問題了！

①民法第1005條：「夫妻未以契約訂立夫妻財產制者，除本法另有規定外，以法定財產制，為其夫妻財產制。」

②民法第1018條：「夫或妻各自管理、使用、收益及處分其財產。」

③民法第1017條第1項：「夫或妻之財產分為婚前財產與婚後財產，由夫妻各自所有。不能證明為婚前或婚後財產者，推定為婚後財產；不能證明為夫或妻所有之財產，推定為夫妻共有。」

④民法第1030條之3第1項：「夫或妻為減少他方對於剩餘財產之分配，而於法定財產制關係消滅前五年內處分其婚後財產者，應將該財產追加計算，視為現存之婚後財產。但為履行道德上義務所為之相當贈與，不在此限。」

⑤民法第1030條之1第1項：「法定財產制關係消滅時，夫或妻現存之婚後財產，扣除婚姻關係存續所負債務後，如有剩餘，其雙方剩餘財產之差

額，應平均分配。但下列財產不在此限：

一、因繼承或其他無償取得之財產。

二、慰撫金。」

⑥民法第1030條之1第2項、第3項：「夫妻之一方對於婚姻生活無貢獻或協力，或有其他情事，致平均分配有失公平者，法院得調整或免除其分配額。

法院為前項裁判時，應綜合衡酌夫妻婚姻存續期間之家事勞動、子女照顧養育、對家庭付出之整體協力狀況、共同生活及分居時間之久暫、婚後財產取得時間、雙方之經濟能力等因素。」

手機讓我看看都不行？

偷看手機或電腦，小心警察叔叔找上你！

睡前，老婆叫雷丘幫忙復原帳號密碼。

她的密碼提示問題是：「我的男神是？」

爲了不打擾熟睡的老婆，雷丘把所有她提過的、網路評價帥的男明星名字都輸進去，結果都不是。

雷丘靈機一動，決定輸入自己的名字試試看……

果然不是。

雷丘律師有話要說

夫妻間，甚至男女朋友間，知道對方的網站和手機密碼，或是直接把對方的指紋、臉部加入解鎖方式，讓對方可以自由瀏覽自己電腦或手機上的資料，都是表示親暱或信任的常見模式，本來你情我願，法律也管不著。

然而，兩個人感情好的時候都沒事，萬一吵架、分手或離婚時，這種事情往往就會變成糾紛的來源。所以雷丘律師認為，還是有必要說明一下**「妨害電腦使用罪」**。

首先，現在的智慧型手機，效能可比雷丘律師學生時代的桌上型電腦還要強大，所以不需要糾結於「電腦」這兩個字，智慧型手機同樣是電腦的一種。其次，現在很少有單機型、不上網的電腦，所以也不需要糾結於入侵電腦或網站這種技術性問題，在《刑法》上的認定，登入電腦本身和登入網站是一樣的行為。

我們以夫妻或伴侶間最常發生的《刑法》第358條**「無故入侵他人電腦罪」**為例：不管是知道對方的手機或網站密碼、對方曾把你的指紋或臉部加到解鎖方式中，還是趁對方睡覺時拉對方的手來用指紋解鎖，都算是入侵電腦的一種方式①；真正需要進一步推敲的，其實是法條中規定的**「無故」**是否構成的問題。

有關無故入侵這一點，最常爭辯的兩種情況是：第一，我因為懷疑對方出軌，所以登入設備以進行蒐證，怎麼能算是無故入侵呢？第二，我們雖然已經分手了，但密碼是對方之前自己告訴我的；既然密碼沒有改，就表示允許我繼續登入，怎麼能算是無故入侵呢？

套句雷丘律師的老話，法律不是數學，絕對不是一加一等於二那麼簡單。這兩個問題其實都要回歸到個案來判斷。比如說，夫妻雙方感情很好，平時就有交換手機使用、互相代接電話的習慣，如果只是在某次代接時發現對方出軌的證據，那當然不能說是「無故入侵」。但如果早就同床異夢，甚至已經分居很久了，只是因為其中一方忘記修改密碼，那就不能說什麼「沒有改密碼，就表示允許繼續登入」，這時候就有可能構成「無故入侵」。

如果登入後，還進一步取得或修改對方的資料，那就不止是《刑法》第358條「無故入侵他人電腦罪」的問題而已，還有《刑法》第359條**「無故取得他人電腦相關設備之電磁紀錄罪」**[2]的問題。如果取得的資料涉及隱私或個資，甚至還有可能觸犯**妨害祕密罪**，也就是《刑法》第315條之1[3]和《個資法》[4]的問題。

所幸以上提到的都是告訴乃論之罪，只要對方願意原諒，就不會是太大的問題。然而根據雷丘律師的經驗，分手後關係的惡劣程度往往有可能比仇人還糟糕，因此不管有沒有婚姻關係，分手時最好還是能和平理性地把這些數位資產交接好；如果做不到，就請忘記自己還有帳號密碼可以登入這件事，以免誤蹈法網！

①刑法第358條：「無故輸入他人帳號密碼、破解使用電腦之保護措施或利用電腦系統之漏洞，而入侵他人之電腦或其相關設備者，處三年以下有期徒刑、拘役或科或併科三十萬元以下罰金。」

②刑法第359條：「無故取得、刪除或變更他人電腦或其相關設備之電磁紀錄，致生損害於公眾或他人者，處五年以下有期徒刑、拘役或科或併科六十萬元以下罰金。」

③刑法第315條之1：「有下列行為之一者，處三年以下有期徒刑、拘役或三十萬元以下罰金：

一、無故利用工具或設備窺視、竊聽他人非公開之活動、言論、談話或身體隱私部位者。

二、無故以錄音、照相、錄影或電磁紀錄竊錄他人非公開之活動、言論、談話或身體隱私部位者。」

④個人資料保護法第42條：「意圖為自己或第三人不法之利益或損害他人之利益，而對於個人資料檔案為非法變更、刪除或以其他非法方法，致妨害個人資料檔案之正確而足生損害於他人者，處五年以下有期徒刑、拘役或科或併科新臺幣一百萬元以下罰金。」

我不是澳洲來的客人

商品有瑕疵或保固問題時怎麼辦？

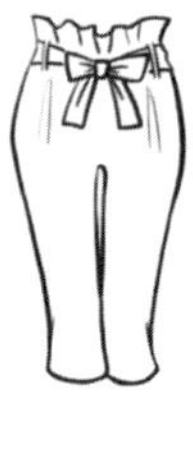

老婆一邊照鏡子，一邊說：「你看，才新買的褲子，怎麼腰那麼鬆？」

雷丘大怒：「什麼！這不是百貨公司買的嗎？怎麼洗兩次就壞了！這違反物之瑕疵擔保責任，我告死他！」

老婆面色一沉。

雷丘察言觀色，趕緊接口：「別生氣，反正這種便宜貨不差這一條，妳生日也快到了，我週末帶妳去別間百貨公司買新的！」

雷丘律師有話要說

我想聰明的讀者應該已經知道，雷丘律師這次又要睡公園了！還不知道原因的讀者，且容雷丘律師這邊先賣個關子，最後再來揭曉。我們先來討論一下買賣契約中的**「物之瑕疵擔保責任」**。

在一般的買賣糾紛中，消費者最常提到的就是《消費者保護法》。的確沒錯！《消費者保護法》中的定型化契約（例如顯示公平條款無效）、特種交易（例如網購七日內無條件解約權）、消費廣告（例如契約責任不得低於廣告內容），都是為了進一步保護消費者面對企業經營者時的權利。但如果涉及商品瑕疵、保固，或是雙方都並非企業經營者的場合，還是要回歸到《民法》的範疇來討論。這也是這一篇雷丘律師要和大家討論的主題。

首先，關於買賣契約，《民法》上定義了三種瑕疵：**一、價值瑕疵；二、效用瑕疵；三、品質瑕疵。**其中，**價值瑕疵**比較容易理解，比如人們常說的泡水車、事故車，修好後或許都可以正常使用，但在市價上就是會比同年度出廠的中古車少了一大截。因此如果有人把事故車當一般中古車賣，就是有「價值瑕疵」。

效用瑕疵在《民法》上又分為「通常效用瑕疵」和「契約預定效用瑕疵」。例如某輛中古車根本就發不動，這屬於**通常效用瑕疵**，因為就算不特別約定，一般人也知道，汽車的效用就是要能開上路，因此發不動的中古車就缺乏了汽車的通常效用。

至於**契約預定效用**，誠如大家所知道的，房子可以住人，就符合通常效用；但是如果有人把明明不能做營業登記的房子拿來賣，卻在契約中約定可以做營業登記，就缺乏了契約預定效用。

品質瑕疵則是最麻煩的一種，《民法》直接規定，要有保證，才有所謂品質瑕疵的問題，不然就只能討論價值瑕疵和效用瑕疵①。例如在買賣預售屋時，建商承諾要附超高級衛浴設備。其實附哪種衛浴設備是不至於影響房子使用的，所以就算是一般等級的衛浴設備也行②，但由於建商有特別承諾，保證要附超高級衛浴設備，也就因此有了品質瑕疵的問題。

其次，發現有瑕疵時，該怎麼辦呢？通常的處理方式是**解約**或請求**減少價金**。解約其實就是一般人所理解的退貨退款，減少價金就是一般人理解的不退貨，但退回部分款項。不管是哪種處理方式，都必須在知道有瑕疵後的半年內行使，或交貨後的五年內行使（兩者取先到期的那一個）；除非對方故意隱瞞瑕疵，才可以不管那半年期限，但五年期限是不會變的③。半年在《民法》上是非常短的期限，所以千萬別讓自己的權利睡著了。

另外，像是買手機時，如果不幸買到機王，其實也未必要退貨或退款，換一部功能正常的新品，有時更符合買賣雙方的最大利益，所以要求換貨這種方式也是受到法律保障的④。舉例來說，買賣時常有「保固期內更換新品」的約定，因為從實務上來說，保固期通常被認為是瑕疵擔保期間的特別約定，因此除非賣方故意隱瞞瑕疵，不然關於保固期的這些約定，都是有效的⑤。

回到故事中的情況，褲子洗兩次就變鬆，到底構不構成瑕疵呢？因為

《民法》第354條規定「價值或效用減少之程度，無關重要者，不得視為瑕疵」，所以只能看廠商有沒有特別保證，這條褲子洗個兩次是不會變鬆的，才能判斷是否構成品質瑕疵。不過雷丘老婆顯然是要炫耀新褲子才買了沒多久，自己就變瘦了，才會覺得褲子變鬆。沒想到雷丘律師不去稱讚老婆的身材，反而扯什麼物之瑕疵擔保責任，最後被老婆處罰去睡公園也就不意外了。

①民法第354條：「物之出賣人對於買受人，應擔保其物依第三百七十三條之規定危險移轉於買受人時無滅失或減少其價值之瑕疵，亦無滅失或減少其通常效用或契約預定效用之瑕疵。但減少之程度，無關重要者，不得視為瑕疵。

出賣人並應擔保其物於危險移轉時，具有其所保證之品質。」

②民法第200條第1項：「給付物僅以種類指示者，依法律行為之性質或當事人之意思不能定其品質時，債務人應給以中等品質之物。」

③民法第365條：「買受人因物有瑕疵，而得解除契約或請求減少價金者，其解除權或請求權，於買受人依第三百五十六條規定為通知後六個月間不行使或自物之交付時起經過五年而消滅。

前項關於六個月期間之規定，於出賣人故意不告知瑕疵者，不適用之。」

④民法第364條：「買賣之物，僅指定種類者，如其物有瑕疵，買受人得不解除契約或請求減少價金，而即時請求另行交付無瑕疵之物。

出賣人就前項另行交付之物，仍負擔保責任。」

⑤民法第366條：「以特約免除或限制出賣人關於權利或物之瑕疵擔保義務者，如出賣人故意不告知其瑕疵，其特約為無效。」

老婆無錯推定原則

只要無法證明有罪，那就是無罪！

問：雷丘律師家中有甲貓和乙貓。某日雷丘律師下班回家，發現枕頭上有貓尿味，試問雷丘律師應該開扁甲貓或乙貓？

答：都不能扁，因爲**無罪推定原則**和**罪疑惟輕原則**。

過了一會兒，老婆也下班到家，對著雷丘叫道：「我不是告訴過你，不要讓貓進房間嗎？」

雷丘律師有話要說

刑事訴訟程序中，有兩個常被提起，但也是常被誤用的原則，分別是**「無罪推定原則」**和**「罪疑惟輕原則」**，雷丘律師想要在這一篇和大家說明一下這兩項原則的基本觀念。

首先，我們必須了解一點，刑事訴訟程序是讓專屬於國家的刑罰權，能正確地施加在有罪的人身上，因此發現**真實**是非常重要的一件事。然而，國家的資源不能無限制地花費在追求真實上，尤其法官並非全知全能的神，因此除非有確切的證據能協助法官認定事實，否則真實的情況往往是難以確認的。此時，為了能以有限的資源，兼顧保障人權及確保裁判的正確性，在犯罪事實仍存有疑問的情況下，法官只能且必須就已確認的事實，**對被告做相對有利的認定**①。這就是所謂的**罪疑惟輕原則**，又被稱為**「罪疑惟利被告原則」**。

不過，罪疑惟輕原則的特點在於，要在法院依法調查證據並在證據評價結束之後才可適用；簡單來說，就是要等檢察官起訴、到了法院審理的階段，才有罪疑惟輕原則的適用。

和罪疑惟輕原則常常混為一談的，是**無罪推定原則**。無罪推定原則的意思是，要求負責國家刑罰權追訴的檢察官，必須負起證明被告確實犯罪的責任。如果檢察官提出的證據，不足以做為被告有罪的積極證明；或是用來證明的方法，無法說服法院形成被告有罪的心證，即使被告的辯解疑點重重，法院仍應給予被告無罪之諭知②。

所以「無罪推定原則」適用於法院判決有罪確定前的所有程序（包括偵查、起訴及審判各階段）；也就是說，除了法官，檢察官在偵查階段辦案時，也應遵守無罪推定原則。面對被告，要從假設「他無罪」開始調查起，一方面逐步累積被告有罪的證據，另一方面，對於維護公平正義或被告利益有重大關係之事項，也應詳加蒐證及調查，以避免侵害人權③。

因此，並不是說檢察官應該依照無罪推定原則縱放犯罪嫌疑人，而是應該從零開始，同時調查對被告有利及不利的證據。能證明犯罪嫌疑人有罪的證據如果累積到一定程度、經過檢察官起訴並進入審判階段後，由於檢察官肩負證明被告犯罪的責任，如果法官對檢察官提出的證據，及其所還原的犯罪事實存有疑問，就會依罪疑惟輕原則，對被告做出相對有利的認定。這就是這兩個原則的基本觀念。

在本題中，雖然雷丘律師的枕頭上有貓尿味，雷丘家也有甲貓和乙貓，但依照無罪推定原則，雷丘只能先假設兩隻貓都是無辜的，再一步一步蒐集證據。根據目前蒐集到的證據——也就是貓尿味顯示，若不是甲貓，就是乙貓尿的，但依照罪疑惟輕原則，這些證據並無法讓雷丘確定到底是哪一隻貓幹的好事，所以雷丘只能認定甲貓和乙貓都沒有尿，當然也無法行使刑罰權開扁。

至於最後，老婆認為都是雷丘讓貓進房間，才會造成枕頭被尿的結果，因此都是雷丘的錯。依照「老婆無錯推定原則」，在沒有反證足以證明老婆有錯之前，老婆就是對的，所以老婆對雷丘行使刑罰權，自然也是理所當然的結果。

①刑事訴訟法第154條第2項：「犯罪事實應依證據認定之，無證據不得認定犯罪事實。」

②刑事訴訟法第154條第1項：「被告未經審判證明有罪確定前，推定其為無罪。」

③刑事訴訟法第2條第1項：「實施刑事訴訟程序之公務員，就該管案件，應於被告有利及不利之情形，一律注意。」

床頭吵架一定床尾和嗎？

就算是配偶，隨便推倒也NG！

法律諮詢中。

當事人一開口就先罵老公：「律師，你都不知道，我老公老是喜歡在吵完架後用推倒這招，一點都不尊重我！」

雷丘律師試著安撫她的情緒：「可能他覺得妳討厭他時度日如年，所以覺得一分鐘就像三百六十五分鐘？」

當事人嗤之以鼻：「所以他覺得十八分十五秒我就會消氣了嗎？」

雷丘律師有話要說

雖然俗話說夫妻「床頭吵，床尾和」，當然也不排除以魚水之歡做為潤滑劑的可能性，不過雷丘律師必須提醒大家，畢竟現在是二十一世紀，這已經是相對舊的觀念了，尤其法律上認可夫妻各自保有性自主權，那種為了對方的配偶權，非得犧牲自己性自主權的想法，已經不合時宜了。

如果認為只要自己想要，對方就必須配合，不但會在《民法》上侵害對方的**性自主權**，甚至有可能觸犯《刑法》的**強制性交或猥褻罪**①②喔！如果構成對配偶的強制性交或猥褻罪，在《刑法》上並沒有任何減輕罪責的規定，只不過是將規定由非告訴乃論變成告訴乃論之罪，可以由配偶決定是否追訴而已③。

因此，吵架後推倒並不是求和的好方法，尤其老婆說不要就是不要，該道歉時還是應該乖乖道歉，才有可能真的床頭吵架床尾和。至於故事中隱藏的數學問題，就交給讀者自己計算囉。

①刑法第221條：「對於男女以強暴、脅迫、恐嚇、催眠術或其他違反其意願之方法而為性交者，處三年以上十年以下有期徒刑。

前項之未遂犯罰之。」

②刑法第224條：「對於男女以強暴、脅迫、恐嚇、催眠術或其他違反其意願之方法，而為猥褻之行為者，處六月以上五年以下有期徒刑。」

③刑法第229條之1：「對配偶犯第二百二十一條、第二百二十四條之罪者，或未滿十八歲之人犯第二百二十七條之罪者，須告訴乃論。」

PART4

這輛不是
開往幼稚園的車

只要我喜歡，有什麼不可以？

你情我願沒問題，涉及金錢和未成年就不行

「我在交友 App 上認識了一個男生，我們聊了很長一段時間，彼此很談得來，三觀很合。

「這一天，我們決定見面好好聊聊。他說他訂了一家高級餐廳。

「我走進那家餐廳時，服務生說另一位已經到了，於是領我走到訂位席，沒想到對面坐的是一個其貌不揚的肥宅，他的 LaFerrari 車鑰匙大剌剌地放在桌上。

「我忍住心中的不快，坐了下來。他坦承他在 App 上用的是朋友的照片，言談舉止中還處處透露出玩世不恭的富二代氣息。我只吃完前菜，就想逃離現場，便請服務生過來買單，對他說：『第一次見面，不好意思讓你請那麼貴的餐廳，我們一人一半吧。』

「他突然哈哈大笑：『好，妳果然像小明說的一樣，不是那種拜金女。其實我不是小明，是他的朋友小豪。妳等一下，我叫他過來。』

「小明是那個男生在 App 上的名字。小豪在手機上打了幾個字，似乎在傳訊息，然後一位比吳慷仁還帥的帥哥從斜對面的桌子起身，向我們走過來：『妳好，我是小明。』小豪這時也識趣地離開。

「其實我一坐下就注意到那位帥哥了，因為他的外型實在很難讓人不注意。等他坐定，我忍不住問道：『你本人比照片帥那麼多，為什麼要用假照片？』他笑著說：『因為我不希望遇到外貌協會。』

「這時服務生把帳單送過來，我便拿出一半的錢放在桌上，禮貌地對他說：『其實我還真不是外貌協會。我會欣賞帥哥，但如果要認真交往，帥哥讓我很沒有安全感。』我拿著包包站了起來，留下他一個人坐在那裡目瞪口呆。

「我進了電梯，正在感嘆今天真不是自己的日子；這時，遠處有個陽光男孩急急忙忙跑過來，把電梯按開——正是交友 App 上的照片本人！

「他一進電梯，就急著開口解釋：『對不起，我才是小明，剛才那兩個是我的死黨小華和小豪。很抱歉，我們三個安排這一切來試探妳。』我微笑著說：『其實從你約我來這家餐廳，我就隱約猜到了。等到小華出現，我更是幾乎確定了這一點，只是在想本尊究竟會不會出現，因爲你在交友 App 上的談吐根本不像是那種個性的人。』

「我對小明說：『其實你不需要請我吃高檔餐廳，只要是你本人來，就算隨便帶我去一家飲料店，我都會很開心。因爲我想見的，就是網路上和我聊天的那個人。』

「於是我們眞的一起去了一家飲料店。我們聊了很久，我非常肯定他就是交友 App 上的本人。氣氛很好，我們就像在網路上一樣很談得來，三觀一樣那麼合。最後我上了他的那輛國產車，他一路開到汽車旅館，我沒有拒絕。

「旅館櫃檯告訴我們，只剩下最大最貴的 Party 房了。我們一打開房門，突然兩邊拉炮聲響起，小華和小豪同時喊著：『祝小花小姐生日快樂！』我看到床上用玫瑰花排著『Happy Birthday』，又驚又喜。

「這時小明笑著說：『我記得妳在 App 上提過，妳是這個月生日。雖然沒能把約會日剛好訂在妳生日當天，但我還是和死黨們串通好，想給妳這個驚喜，希望妳不會介意。』小明頓了一下，從角落拿出一只包裝精美的袋子，說：『來不及準備什麼太好的東西，這是我們三個合送給妳的禮物！』這時我突然覺得，今天又是我的日子了。」小花輕啓朱唇，娓娓道來。

小花停了一下，又繼續說：「這就是事情的眞相，我們只是在開生日趴而已。」

李組長眉頭一皺，說道：「這就是妳的理由？所以這年頭的生日趴都會有滿地散落的保險套？」

李組長回頭看了一眼小美和小如，還有旁邊一票驚慌失措的男人，冷笑道：「這個月壽星還眞多呀！」

雷丘律師有話要說

很多民眾對於單身成年男女間男歡女愛是否違法的問題，一直都有很大的誤解。首先是，如果不涉及金錢，人到底從幾歲開始擁有完全的性自主權？從《刑法》第227條的準強制性交罪①來觀察，法律上的這條線，畫在

十六歲。但如果涉及金錢交易，這條線就更嚴格了，從《兒童及少年性剝削防制條例》第31條②來觀察，這條線畫到了**十八歲**。也就是說，如果成年人和滿十六歲、但未滿十八歲青少年間的性交或猥褻行為涉及金錢（有對價或盈利），即使對方是你情我願，還是會有刑責的。

那如果雙方都滿十八歲，法律是不是就不管涉及金錢的性交或猥褻呢？首先，成年人從事性交易，在臺灣並沒有《刑法》上的問題，但違反了《社會秩序維護法》第80條，雙方都會被處以罰鍰③。媒合性交易就完全不同了，除了違反《社會秩序維護法》第81條④，還觸犯了《刑法》第231條第1項前段的媒介性交或猥褻罪⑤。

因此，像故事裡的多人性派對，如果大家都已經成年，且都是單身（不涉及《民法》上的侵害配偶權），只要未涉及金錢交易，《行政法》和《刑法》就沒有介入的餘地。但如果涉及金錢交易，參加者就違反了《社會秩序維護法》，而主辦者會同時違反《社會秩序維護法》和《刑法》。

最後要說明的是，因為大法官釋字第666號的影響，立法院早在二〇一一年就通過《社會秩序維護法》第91條之1、授權地方政府可成立性交易專區，因此，文章中的性派對如果是在性交易專區舉辦，就完全沒有前述的非法問題了。但目前為止，還沒有任何一個地方政府願意率先設立性專區，變相使得臺灣社會到現在，仍處於實質上的性交易全面非法狀態。

①刑法第227條：「對於未滿十四歲之男女為性交者，處三年以上十年以下有期徒刑。

對於未滿十四歲之男女為猥褻之行為者，處六月以上五年以下有期徒刑。

對於十四歲以上未滿十六歲之男女為性交者，處七年以下有期徒刑。

對於十四歲以上未滿十六歲之男女為猥褻之行為者，處三年以下有期徒刑。

第一項、第三項之未遂犯罰之。」

②兒童及少年性剝削防制條例第31條第1項及第2項：「與未滿十六歲之人為有對價之性交或猥褻行為者，依刑法之規定處罰之。

十八歲以上之人與十六歲以上未滿十八歲之人為有對價之性交或猥褻行為者，處三年以下有期徒刑、拘役或新臺幣十萬元以下罰金。」

③社會秩序維護法第80條：「有下列各款行為之一者，處新臺幣三萬元以下罰鍰：

一、從事性交易。但符合第九十一條之一第一項至第三項之自治條例規定者，不適用之。

二、在公共場所或公眾得出入之場所，意圖與人性交易而拉客。」

④社會秩序維護法第81條：「有下列各款行為之一者，處三日以下拘留，併處新臺幣一萬元以上五萬元以下罰鍰；其情節重大者，得加重拘留至五日：

一、媒合性交易。但媒合符合前條第一款但書規定之性交易者，不適用之。

二、在公共場所或公眾得出入之場所，意圖媒合性交易而拉客。」

⑤ 刑法第231條第1項：「意圖使男女與他人為性交或猥褻之行為，而引誘、容留或媒介以營利者，處五年以下有期徒刑，得併科十萬元以下罰金。以詐術犯之者，亦同。」

我今天網路用得夠多了

同性伴侶收養子女怎麼這麼難？

一

我是小明，我愛喝手搖飲。

那天買了一杯放在桌上，沒想到出去上個廁所，回來就只剩一半了。我知道班上有人惡作劇，於是不動聲色，在臉書發了動態：「我不說，不代表我不知道。」看看有沒有人會來自首。

到了晚上，一共有十一個人發 LINE 給我說對不起，其中包括女朋友小花。是說，你們那麼多人喝同一杯飲料不嫌髒嗎？

而且老爸你和我說對不起幹嘛？

二

我是雷丘律師，根據我的觀察，在股市中，帳戶裡不到一百萬元的，最喜歡在群組裡罵人；帳戶裡超過一百萬元但不到一千萬元的，通常都很用功研究股票市場，言之有物；帳戶裡超過一千萬元等級的，反而都謙稱自己是新手，說話非常有禮貌。

像我有個大客戶，一開始玩股票時，都說自己是新手。後來聽說他非常認眞，開始用功研究股票，但美國大選開票那幾天，他就開始罵人了。

聽說他後來還因此鬧自殺進了醫院，幸好被救回來了。

三

我是小明的爸爸，那些說我搶兒子女友的，說我股票投資失敗鬧自殺的，都是謠言。我乾女兒那麼多，不差這一個。股票不過是我投資的一小部分，這點錢我還不看在眼裡。

實情是，那天我和乾女兒小美一起去酒吧喝酒，那間酒吧是有名的美女如雲。不知道為什麼，她那天沒喝幾杯就一直吐，我蹲在她旁邊一直拍她的背。酒吧老闆看到我們弄得一片狼藉，皺著眉頭，用半大不小的聲音說：「扶她出去吧！你們這樣我怎麼做生意？」

過了沒多久，酒吧裡的美女就都走光了。

我頓時感到一陣暈眩，醒來時，人已經躺在醫院裡了。

四

我是小美，有傳言說我是扶他①，但那不是眞的，因為我是會懷孕的！我那天是孕吐！

其實我心裡覺得拿掉才是最好的，所以我去找男友小華談，期望他能給我一個負責任的反應，告訴我不論拿掉或是生下來，他都會陪著我。沒想到，我一跟他說這件事，他就突然大變臉加大便臉，問我孩子是誰的，還說不關他的事，要跟我分手。我當下直接愣住。的確，孩子不是他的，我也老實這麼跟他說，可是我覺得，他如果眞的愛我，就應該接受我和肚子裡的小生命啊，沒想到這個渣男居然直接提分手，之後還封鎖我，唉。

女孩們，以後要多保護自己，不要以爲自己的男人眞的有多愛妳，當妳懷了別人的孩子，妳才知道你們之間的愛情根本不堪一擊。

五

我是小花，聽了閨密小美的訴苦，我覺得她實在遜爆了。這年頭有很多男友不稀奇，重點在怎麼做時間管理。

就像小明，就算告訴他我懷孕了，他還是對我死心塌地的，上次還陪我去診所拿掉。直到我進去手術室前，他還深情款款地對我說：「生下來吧，我會養你們。」

問題是我還年輕，我不想那麼快被小孩和家庭綁住啊！不過爲了回應他的眞心，我也深情地回答他：「親愛的，不是你的孩子我不要！」

六

我是小華，我和男友小明的關係之所以還不能公開，倒不是怕社會的眼光，而是他老爸一直希望他討個好老婆、繼承家業。他家裡那麼多資產，我們商量後覺得，還是等財產先到手的好，不要橫生枝節。

所以我們各自交了女友當掩護，但我們心裡還是有個小小願望，希望能有個自己的孩子，而且要有我們的血緣。

前陣子，我們的女友都懷了孕，但可惜都不是我們的。不過我們也不在乎，反正她們只是煙幕彈而已。多交幾個女友，多嘗試幾次，總是有機會的。

上次聽說他老爸住院，可是後來好像又康復了。我不是不替伯父擔心啦，但我真的希望我們的關係可以早一點檯面化啊……

雷丘律師有話要說

故事中，小明和小華會那麼注重小孩跟自己有沒有血緣關係，是因為目前法律規定，同性配偶不能共同收養無血緣關係的養子女，只能收養對方的親生子女；唯有如此，才能建構他們心目中的完整家庭。雷丘律師認為，某種程度上，我們對同性家庭的權益與法律完整保障，還有很大的努力空間。

經過大法官釋字第748號確定同性婚姻合法化之後，下一個被重視的議題就是：同性配偶可以有下一代嗎？

目前同性婚姻收養的規定是準用《民法》關於收養之規定[2]。但這反而造成一種詭異的情況：依《兒童及少年福利與權益保障法》相關規定，經由主管機關許可之財團法人、公私立兒童，及少年安置、教養機構等合法收出養媒合機構進行評估和協助媒合後[3]，單身人類（不管男或女）是可以收養無血緣關係養子女的！異性婚姻的配偶也原本就能經由相同的評估和媒合程序，共同收養無血緣關係的養子女。唯獨同性配偶，只能比照單身人類收養無血緣關係的養子女的程序，或是依照司法院釋字第748號解釋施行法第20條，單獨收養對方的親生子女，不能像異性配偶一樣，由夫妻共同收養無血緣關係的養子女。這不免讓人對於同性婚姻家庭的建構有為德不卒之嘆。

①日文「ふたなり」（futanari）的諧音，在ACG界中，指具有雙性性徵的人。

②司法院釋字第748號解釋施行法第20條：「第二條關係雙方當事人之一方收養他方之親生子女時，準用民法關於收養之規定。」

③兒童及少年福利與權益保障法第15條第1項：「從事收出養媒合服務，以經主管機關許可之財團法人、公私立兒童及少年安置、教養機構（以下統稱收出養媒合服務者）為限。」

爸爸對了，什麼都對了

胎兒也有繼承權嗎？繼承順位誰先誰後？

小花的爸爸每次一想到偌大的家業要如何處理就頭疼。

左思右想，他決定第一優先是幫女兒找個好歸宿，其他的事情慢慢再說。

他開出十億元的嫁妝幫女兒徵婚，果然應徵者眾。經過他和女兒的書面審查，最後選擇了三位年輕人進入最後面試。

第一位是個看起來像大學生的年輕人，小明。

小花的爸爸開口問道：「你現在的工作是什麼？」

小明回答：「我在速食店打工。」

小花的爸爸皺起了眉頭。他回頭看看女兒，沒有特別的反應，只好先保留，接著面試下一位候選者。

第二個年輕人叫小華，看起來比較稱頭，不過也就像剛出社會沒幾年的樣子。

小花的爸爸一樣問道：「你現在的工作是什麼？」

小華說：「我是斜槓青年，在餐飲業經營我的個人副業。」

小花的爸爸覺得他至少比小明好一些，但回頭看看女兒，還是沒有特別的反應。只好接著面試下一位。

第三位年輕人西裝筆挺，看起來有一定的社經地位，他自稱小豪。

小花的爸爸頗爲滿意，不過還是照慣例問道：「你現在的工作是什麼？」

小豪說：「我在一家知名的外商企業負責現金流和物流的平衡。」

富翁眼睛一亮，但是回頭看看女兒，仍然面無表情，只好請小豪先出去。

等到房間裡只剩下自己和女兒時，爸爸問小花：「妳還是想不起來那天晚上的性愛趴是跟哪一個嗎？不然請他們都做一下親子鑑定，比對一下吧！」

雷丘律師有話要說

上一篇談過了血緣關係的問題，這篇雷丘律師想順便談談繼承問題。首先，依照《民法》規定，姻親沒有繼承的權利①。所以不管是小明、小華或小豪，想靠著和小花結婚而繼承小花爸爸的遺產，是不切實際的。然而依照上述規定，小花的老公，不但可以繼承小花的遺產，也可以繼承小花腹中孩子的遺產。所以也可以解釋成，女婿仍有機會間接藉由繼承得到岳父的部分財產。但這也產生了實務上常見的問題：父母常常不甘願財產流落到外人（女婿、媳婦）手裡。

其次是，肚子裡的胎兒有沒有繼承權呢？依《民法》規定，只有**「人」**才能享權利和盡義務，而且只有**從出生到死亡這段時間**才算是「人」②。問題來了，還在小花肚子裡的小孩，可以繼承小花的遺產嗎？《民法》為了保障胎兒的權利，特別規定，只要小孩未來平安出生變成《民法》上的人，那麼在他還是胎兒時，就已有了繼承權③。

最後要說明的是繼承的順序。前順位血親還有人活著時，後順位血親是不能繼承的④；至於配偶，則是不論現在輪到第幾順位，都是與該順位的血親分遺產⑤。以這個故事為例，在小花還活著的情況下，小花爸爸的遺產還輪不到小花肚子裡的孩子繼承，而小花的媽媽則應該和小花分遺產才對。

最後要提醒的是，配偶在繼承另一半的遺產前，可以先行使「剩餘財產差額分配請求權」，先分完「婚後財產」⑥，剩下的財產才算是遺產，再依照上述規定，和該順位的血親分遺產，這也就是坊間流傳「配偶可以分兩次」的說法由來。

① 民法第1138條：「遺產繼承人，除配偶外，依左列順序定之：

一、直系血親卑親屬。

二、父母。
三、兄弟姊妹。
四、祖父母。」

②民法第6條：「人之權利能力，始於出生，終於死亡。」
③民法第7條：「胎兒以將來非死產者為限，關於其個人利益之保護，視為既已出生。」
④民法第1139條：「前條所定第一順序之繼承人，以親等近者為先。」
⑤民法第1144條：「配偶有相互繼承遺產之權，其應繼分，依左列各款定之：

一、與第一千一百三十八條所定第一順序之繼承人同為繼承時，其應繼分與他繼承人平均。
二、與第一千一百三十八條所定第二順序或第三順序之繼承人同為繼承時，其應繼分為遺產二分之一。
三、與第一千一百三十八條所定第四順序之繼承人同為繼承時，其應繼分為遺產三分之二。

四、無第一千一百三十八條所定第一順序至第四順序之繼承人時，其應繼分為遺產全部。」

⑥民法第1030條之1第1項：「法定財產制關係消滅時，夫或妻現存之婚後財產，扣除婚姻關係存續所負債務後，如有剩餘，其雙方剩餘財產之差額，應平均分配。但下列財產不在此限：

一、因繼承或其他無償取得之財產。

二、慰撫金。」

男人四十歲，不要只剩一張嘴

到底什麼理由才能向法院訴請離婚？

晚上十一點多，隔壁傳來女人的咆哮。

雷丘律師一向以支持美豔人妻爲己任，置增加案件收入於度外，自是凝神傾聽。

「你到底想怎樣？插又插不進去，吸也吸不起來，然後現在又整根軟掉……」美豔人妻可能沒意識到，她的聲音已經傳遍了整幢樓。

雷丘嘴角泛起了淺淺的微笑，正在思考明天要如何自然地遞上名片時，隔壁又傳來同一個聲音：「……我不是告訴過你，珍珠奶茶不能用紙吸管嗎？你現在要我宵夜拿什麼配鹽酥雞？」

空氣中接著傳來她老公討饒的聲音，然後是隔壁開門、關門，和樓下機車引擎發動的聲音。這又是我們社區另一個平靜的夜晚。

雷丘律師有話要說

這一篇雷丘律師想和大家談談深夜話題（其實哪一篇不深夜），就是如果夫妻之間不性福，可以離婚嗎？

有關離婚，大家最容易想到的就是外遇、家暴之類的問題。事實上這些也是《民法》第1052條第1項規定的十項**列舉離婚事由**，例如外遇就是「與配偶以外之人合意性交」，而家暴就是「夫妻之一方對他方為不堪同居之虐待」。其他還有像是惡意遺棄之類的①，這邊就不一一舉例。

難道夫妻之間只有這十個理由可以離婚嗎？當然不是，就算臺灣結婚率再低、離婚率再高，立法者再怎麼勸和不勸離、不希望大家離婚，十個理由未免也太少了，絕對無法涵蓋所有怨偶的情況！因此《民法》第1052條第2項另外規定了**概括事由**，也就是學說上所稱的**破綻主義**，意思是，如果兩個人的婚姻狀況已經因《民法》第1052條第1項以外的「重大事由」，產生了難以回復的破綻，即所謂的破鏡難圓，沒有回復的希望，一樣可以請求離婚②。

當然，雖說每對夫妻的情況不太一樣，到底還有沒有回復的希望也很難說，但是法院在實務上還是希望採取客觀標準，意思就是法院會用「如果其他夫妻也處於一樣的狀況，是不是任何人都不會想繼續維持這段婚姻呢？」來當做是否為「重大事由」的標準。所以並不是當事人雙方說了算。

另外要補充的是，法條中還提到「但其事由應由夫妻之一方負責者，僅他方得請求離婚」，則是為了公平起見，直接規定只有造成這項重大事由的另一方，才能請求離婚；不然只要我想離婚，就故意造成對方很難過就好啦！不過在實務上，一段婚姻產生破綻，往往不會只有一方的問題，這時該怎麼辦呢？難道就不能離婚了嗎？法院認為，如果夫妻雙方都要為重大事由負責時，應該衡量雙方的有責程度；責任較輕的一方，才可以向責任較重的另一方請求離婚。除非有責程度完全相同，雙方才都可以請求離婚③。

說了老半天，性福不性福，到底可不可以當做離婚事由呢？依照上面的分析，首先，不性福並不是《民法》第1052條第1項的列舉事由，所以只能判斷是否符合《民法》第1052條第2項的重大事由。如果不性福的程度已經達到任何夫妻都不會想繼續維持婚姻的程度，那就屬於沒有回復希望的重大事由，可以訴請法院判決離婚。

要注意的是，這邊仍要看不性福的原因是否為其中一方造成的。一般人聽到不性福，通常都會聯想是男方不能人道；雖然不能人道確實可做為重大事由④，但這得要經過醫師診斷鑑定才算數。如果男方不願意和女方行房的原因，是因為女方不愛清潔、不洗澡，那就不能說是男方無法人道了，甚至可以把這項不性福的重大事由歸責於女方，使得男方可以請求離婚。

①民法第1052條第1項：「夫妻之一方，有下列情形之一者，他方得向法院請求離婚：

一、重婚。

二、與配偶以外之人合意性交。
三、夫妻之一方對他方為不堪同居之虐待。
四、夫妻之一方對他方之直系親屬為虐待，或夫妻一方之直系親屬對他方為虐待，致不堪為共同生活。
五、夫妻之一方以惡意遺棄他方在繼續狀態中。
六、夫妻之一方意圖殺害他方。
七、有不治之惡疾。
八、有重大不治之精神病。
九、生死不明已逾三年。
十、因故意犯罪，經判處有期徒刑逾六個月確定。」

②民法第1052條第2項：「有前項以外之重大事由，難以維持婚姻者，夫妻之一方得請求離婚。但其事由應由夫妻之一方負責者，僅他方得請求離婚。」

③最高法院103年臺上字第858號判決：「按民法第1052條第2項所稱「難

以維持婚姻」，乃導入破綻主義思想所增設，其判斷之標準為婚姻是否已生破綻而無回復之希望。而婚姻是否已生破綻無回復之希望，則應依客觀之標準，即難以維持婚姻之事實，是否已達於倘處於同一境況，任何人均將喪失維持婚姻意欲之程度而定。至於但書規定『難以維持婚姻之重大事由應由夫妻之一方負責者，僅他方得請求離婚』，係為公允而設，故難以維持婚姻之重大事由，夫妻雙方均須負責時，應衡量雙方之有責程度，僅責任較輕之一方，得向責任較重之他方請求離婚，有責程度相同時，雙方均得請求離婚，始符公平。」

④最高法院83年度第4次民事庭會議決議：「惟如不能人道已形成難以維持婚姻之重大事由者，得依1052條第2項之規定訴請離婚。」

郎騎竹馬來，遶床弄青梅

談戀愛可以，嘗禁果還是先不要

青年痛苦地問禪師：「我的女友上個月出車禍，離開了人世。我要如何才能從悲傷中走出來呢？」

禪師深深地嘆了一口氣：「禍福相倚，死生輪迴，乃是人之常情。你們現在陰陽兩隔，這個世界上哪有什麼東西能超脫陰陽之外呢？」

青年想了一下，說：「Mädchen ？」

於是禪師拿起了電話：「警察先生，就是這個人。」

雷丘律師有話要說

這一篇雷丘律師想來和大家談談未成年性行為的問題。現在網路發達，青少年要取得性知識，早就不像雷丘律師年輕時那樣，只能從書本中取得，因此青少年第一次發生性行為的平均年齡不但比過去降低許多，也意味著在未成年時就有性行為比例的增加。雷丘律師認為，青少年性行為早就不是如何限制的問題，應該改變觀念，從「如何面對」來切入。

撇開前面已經討論過、涉及金錢對價的性交易問題，難道就連青少年之間談戀愛，法律也要介入嗎？從《刑法》的規定看來，雖然法律管不到「談戀愛」這件事，但如果涉及性交或猥褻的親密行為，《刑法》還是有所限制的[1]。

單純就《刑法》來看，顯然立法者對於已經滿十八歲的「成年人」（此處指《刑法》上）和未滿十六歲的青少年談戀愛的情況，還是希望動用國家的刑罰權，強制他們維持純純的愛。

但如果談戀愛的雙方都是十八歲以下的青少年，《刑法》似乎又願意網開一面。《刑法》第227條之1，又被稱為**「兩小無猜條款」**，雖然不是什麼正式的法條名稱，但似乎認為比起其中一方是成年人的情況，兩個未成年人較缺乏自制力，偷嘗禁果的結果似乎也不見得需要國家公權力的介入，因此規定這種情況是可以減輕或免除其刑的[2]；還更進一步規定，從非告訴乃論變更為告訴乃論之罪[3]。這樣一來，在雙方都未成年的兩小無猜之戀中，因為跨過那條線而受到刑罰的可能性就降低了許多。

然而在實務上，往往會因為其中一方的父母堅持提告，而使得告訴乃論的規定形同虛設。另外，也的確有部分父母不惜以刑逼民，目的是為了讓對方拿錢來換和解，才有可能減輕或免除其刑，所以這又是一個為德不卒的規定。立法者如果真的想減少《刑法》對青少年談戀愛的限制，雷丘律師認為，現行的「兩小無猜條款」還是有改善的空間。

因此，在立法者還沒有檢討修法之前，雷丘律師只能說，不管你自己是否成年，如果你的男女朋友還未滿十六歲，建議還是多忍耐一下。如果你自己就是未滿十六歲的青少年，為了自己的男女朋友，更建議你要多忍耐，以免害到對方。畢竟法律的規定就躺在那邊，即使最後沒有刑事責任，贏了官司、輸了生活，也不是我們想要的，不是嗎？

另外，「Mädchen」在德文中有少女、女孩的意思。德文的名詞可分為中性、陽性、陰性，而Mädchen剛好是中性名詞。青年舉了一個中性名詞，以回答禪師「哪有什麼東西能超脫陰陽之外」的提問，但禪師誤會他想找少女當女友，所以才會打電話給警察。不過要是青年心裡真的想和未成年少女談戀愛，那雷丘律師只能請他多注意《刑法》的規定囉。

① 刑法第227條：「對於未滿十四歲之男女為性交者，處三年以上十年以下有期徒刑。

對於未滿十四歲之男女為猥褻之行為者，處六月以上五年以下有期徒刑。

對於十四歲以上未滿十六歲之男女為性交者，處七年以下有期徒刑。

對於十四歲以上未滿十六歲之男女為猥褻之行為者，處三年以下有期徒刑。

第一項、第三項之未遂犯罰之。」

②刑法第227條之1：「十八歲以下之人犯前條之罪者，減輕或免除其刑。」

③刑法第229條之1：「對配偶犯第二百二十一條、第二百二十四條之罪者，或未滿十八歲之人犯第二百二十七條之罪者，須告訴乃論。」

PART 5

那些年，雷丘律師遇見的客户們

關於工作，我一律建議竹科輪班

裝潢施工品質不良，可以解約嗎？

我有位學長，是竹科一家科技公司的總經理。

以前學長還在某家現在股價漲很凶的集團當主管時，和我前公司有業務上的往來。往來久了，再加上前後期同系之誼，也就漸漸變成私交不錯的朋友。

記得有一次，學長請我去某家五星級飯店的牛排館吃牛排。

我說：「這不會太貴吧？」

學長說：「沒事，報公帳就好。就算不能報公帳，學長也請得起。安啦！」

等我們吃完牛排，服務生挑了個剛好的時機，畢恭畢敬走到桌邊結帳——看起來學長是常客。

只見學長從西裝口袋中掏出他那張黑卡，丟在服務生面前。

我怯生生地說：「這張卡的年費不便宜吧？」

學長說：「一個月刷個三十萬就可以免年費啦！很容易嘛！」

學長就是這麼一個霸氣又慷慨的男人。在我眼中，他簡直是本系之光。

後來學長在母集團支持下，開了自己的公司，成了名符其實的霸道總裁。我後來也離開前公司，自己當起了執業律師，彼此就漸漸少了連絡。

突然有一天，學長傳 **LINE** 給我。

學長：「學弟，我有個法律上的問題要問你。」

我想到那客牛排，吞了一口口水說：「學長，我其實沒有提供免費諮詢。不過學長您不是一般人，所以您就儘管問；如果有需要收費的項目，我會先講。」

學長不置可否，說：「這是我一個朋友的 case，我先把案情說給你聽聽看。如果有需要付費的，我會轉達給他。」

接下來學長開始敘述，他朋友裝潢新家花了三百萬，卻因爲材料或施工品質不良無法驗收，現在卡著不能入厝。內容長達三千字。

我花了三十分鐘很用心看完，想到那張黑卡，又吞了第二口口水：「學長，你朋友這案子很複雜，我頂多跟你說一些處理的通則，眞的要做個案分析，還是要看到合約。是不是我們約個時間？我可以下去新竹一趟……」

我字還沒打完，合約就已經寄過來了，還是掃描成PDF格式的，顯然學長有備而來。我打開一看，連平面圖、施工項目清單和進度說明都有！

我試著做最後的掙扎：「學長，我覺得事件的前後經過，還是問當事人本人比較好。要不然請你朋友加我LINE，我和他直接溝通，有什麼需要收費的項目，我跟他報就好？」

學長直接打槍，我可以想像他打字時面無表情的樣子：「這件事透過我就好。」

此時我已經九成九確定學長其實就是他朋友了。問題是要拗免費，用他自己的名義不是更好？

我想到那客牛排和黑卡，想到一個月三十萬，想到他們公司的常年法律顧問合約……我又吞了第三口口水。

我說：「學長，我看你朋友準備得那麼完整，不然他有什麼問題，就直接問吧！

我看看我能幫到什麼程度。」

果然又是ＰＤＦ。裡面多達十幾個事先擬好的問題。

接下來省略五千到一萬字我和學長的對話紀錄。學長在諮詢過程中對答如流，鞭辟入裡，這裡就不再贅述。因爲依照網路慣例，我朋友就是我，他朋友就是他。

最後，學長不改一貫的霸氣和瀟灑：「好。」沒有說謝謝，沒有說再見，當然也不可能提到諮詢費用。

然後是長達半年的冷處理。其間我當然曾白目地試探，問問學長「他朋友」家的裝潢如何了、入厝了嗎？換來的大概都是「我再問問他」，或是已讀不回。

我心想，學長貴爲總經理，必定是貴人多事忙，也就不便多問。直到半年後，我一邊吃土，一邊想到這筆應收帳款八成是收不回來了，開始忿忿不平起來。

我靈機一動，反正那份合約上有地址，不如我直接去新竹看看吧？就算堵不到人，我花了那麼多時間心力，好歹觀摩一下學長……呃不是，是他朋友花三百萬裝潢的豪宅！

我是個想到就去做的人，當天下午便直奔新竹而去。

正值竹科下班時間，我塞了半天車，挨到竹北一幢豪宅大樓前。我正一邊找停車位，一邊想著要和保全如何說明我的不請自來。這時，一輛 Benz 斜斜切到我前方大約幾個車身的距離，停在離豪宅大門約五十公尺處。

這時，從車上走下一位妙齡女郎，依照我喜歡看正妹的習慣，當然是先停下來多看幾眼，並不急著找車位。

沒想到，接著從車上走下來的人，竟然是學長。他們很快說了幾句話，學長目送小美女進入了豪宅，這才露出性福的笑容，叫司機發車，揚長而去。

我在後面目睹這一切，久久不能自已。原來我錯怪學長了。學長還眞的不是他朋友，他朋友眞有其人，只不過他是「她」。

身爲總裁，就是那麼忙。

過了幾天，我又自目地留 LINE 問學長：「學長，你公司有缺法律顧問嗎？」

學長不改他的霸氣和直接，用與客戶間慣用的英文回我：「So far, no.」（目前沒有）

我想到學長未來的離婚官司，不禁又吞了第四口口水。

雷丘律師有話要說

裝潢在《民法》上屬於**承攬契約**，這類契約常見的糾紛，一是**解約或終止契約**，另一個則是**驗收**。因為承攬是一種承攬人（也就是裝潢設計師）要為定作人（也就是業主）完成一定工作，才能領取報酬的勞務契約，所以做到一半的工作成果，會被認為對業主而言是不能使用的。關於終止契約，《民法》並沒有給予承攬人這樣的權利，只有定作人可以隨時終止契約[1]，但此時定作人要負損害賠償的責任。

要注意的是，**「終止承攬契約」**和**「解除承攬契約」**是不一樣的：前者表示此契約在**終止前都是有效的**，雙方在終止契約前該有的權利義務一項也不能少。至於解除承攬契約，由於會導致此契約**從一開始就無效**，所以《民法》的相關規定也比較嚴格。

例如，承攬人需要定作人的協助才能完成工作，定作人卻裝死，這時承攬人可以解除契約②。再例如，簽約時，承攬人只進行了大概的估價，但最後總價卻超過預估非常多，只要不是因為定作人的錯而追加預算，此時定作人可以解除契約③。

驗收的問題其實也和解約有關。如果驗收不過，或者驗收過後又發現問題，都屬於《民法》上的**瑕疵**，定作人可以限期請承攬人修補④。話說回來，要是承攬人遲遲不肯修補，那豈不是永遠無法驗收？這時《民法》規定只能解除契約或請求減少報酬⑤，但因為可減少的數額並不見得剛好和尾款相同，所以業主仍無法直接拒絕給付全部或部分報酬（如尾款）。

①民法第511條：「工作未完成前，定作人得隨時終止契約。但應賠償

承攬人因契約終止而生之損害。」

②民法第507條：「工作需定作人之行為始能完成者，而定作人不為其行為時，承攬人得定相當期限，催告定作人為之。

定作人不於前項期限內為其行為者，承攬人得解除契約，並得請求賠償因契約解除而生之損害。」

③民法第506條第1項：「訂立契約時，僅估計報酬之概數者，如其報酬，因非可歸責於定作人之事由，超過概數甚鉅者，定作人得於工作進行中或完成後，解除契約。」

④民法第493條第1項：「工作有瑕疵者，定作人得定相當期限，請求承攬人修補之。」

⑤民法第494條第1項前段：「承攬人不於前條第一項所定期限內修補瑕疵，或依前條第三項之規定拒絕修補或其瑕疵不能修補者，定作人得解除契約或請求減少報酬。」

千金難買好厝邊

鄰居一直製造噪音，叫警察有沒有用？

老王樓上的鄰居每天晚上都會彈鋼琴，他覺得很吵，於是他決定走到樓上找鄰居談談。

開門的是位美豔人妻。老王說：「我很喜歡妳彈的鋼琴。不如這樣，妳每天都彈給我聽，我會每週付妳一千元的欣賞費。」

人妻答應了，老王果然每週都付一千元給人妻。就這樣過了一個月，老王對人妻說：「抱歉，最近公司生意不好，但我還是很喜歡聽妳彈琴，我可以改成每週付妳五百元嗎？」

人妻感到不滿，但心想不賺白不賺，還是答應了。再過了一個月後，老王又說：「抱歉，我公司快倒了，從今天開始，我每週付妳兩百元好嗎？」

人妻非常不爽：「你是在汙辱我嗎？我每天彈鋼琴給你聽，結果你一天只想花幾十元，有那麼便宜的事嗎？請你尊重專業好嗎？」

從此之後，人妻就不在晚上彈鋼琴了。於是老王得以過著耳根清淨的日子。

雷丘律師有話要說

俗話說：「千金難買好厝邊。」一樣米養百樣人，如果和鄰居的生活作息相差太大，有時是非常惱人的。實務上常見和鄰居之間的糾紛，噪音問題絕對是大宗。不過要注意的是，造成民眾生活困擾的聲音並非都是「噪音」喔！

依照《噪音管制法》的規定，**超過「管制標準」的聲音才叫噪音**①，如果只是偶然發生，或是難以量測（誰會沒事在家中裝個分貝計啊？）的聲音，例如小孩哭鬧跑跳、寵物狂叫、彈奏樂器、卡拉OK、房屋裝修、冷氣滴水……統統都不算。

但這些聲音確實對我的生活造成困擾，該怎麼辦才好呢？

在《噪音管制法》中另外有規定，凡是這種日常生活中擾人的聲音，都可由警察機關依照《社會秩序維護法》來處以罰鍰②。這邊要注意的是，如果沒有達到**「足以妨害他人生活安寧」**的程度，就無法依照《社會秩序維護法》來開罰③。

嗯？前面不是說過，像這種偶然發生、難以量測的擾人聲音才歸《社會秩序維護法》管，卻又規定必須是「足以妨害他人生活安寧」的聲音，那客觀標準在哪裡？這就是警察機關的裁量權限了。如果不放心交給警察判斷，實務上找里長陪同也是個可以考慮的方式；至少里長算是當事人以外的第三人，應該可以提供較為客觀的意見，不至於淪為公說公有理，婆說婆有理，畢竟警察有時也是很為難的。

①噪音管制法第3條：「本法所稱噪音，指超過管制標準之聲音。」

②噪音管制法第6條：「製造不具持續性或不易量測而足以妨害他人生活安寧之聲音者，由警察機關依有關法規處理之。」

③社會秩序維護法第72條第1項第3款：「訂有左列各款行為之一者，處新臺幣六千元以下罰鍰：

三、製造噪音或深夜喧譁，妨害公眾安寧者。」

上班打卡制，下班責任制

《勞基法》的責任制跟你想的不一樣

一

小華是富二代，大學畢業後，原本想自食其力不靠爸，但一直找不到好工作。逼不得已，他只好回家問老爸，看看老爸公司有沒有適合的職務可以安排。

老爸：「我看就副總經理好了，月薪二十萬元，只要定期開會就行了。」

小華：「我沒工作經驗，一開始就當管理職不太好吧？」

老爸：「不然就總經理特助，月薪十萬元，只要幫總經理倒茶就可以了。」

小華：「不能從基層員工開始做起嗎？」

老爸面有慍色：「你不知道現在景氣不好，公司的基層員工至少都要碩士畢業，不但薪水很低，又是責任制嗎？有工作給你做就不錯了！」

二

小華後來決定自己開公司，想闖出一片天，理所當然地找上好朋友小明和小豪合夥入股。

小明：「我們未來要立足臺灣，放眼世界，所以公司一定要取個像台X電、鴻X一樣霸氣的名字！」

小豪：「開公司就是要賺錢，不然叫『賺錢』好了，以後就變『賺錢集團』，新聞報導到我們的時候，就會稱我們是『賺錢集團總裁』！不錯吧？」

小華：「有夠土的，現在最流行發財，還是叫『發財』吧？」

小明：「不行，這樣會被人家說偷梗。不如叫『獲利』如何？股市老師一天到晚都在說某某集團今年獲利如何如何，是不是很有學問？」

小華和小豪都覺得，小明有念書果然不一樣，於是就同意了。

公司名稱申請下來，大家一看：獲利有限公司。

雷丘律師有話要說

這篇雷丘律師想和大家談談**責任制**。在一般人印象中，《勞動基準法》並沒有「責任制」這項規定，所以企業將員工工時規定為責任制是違法的。

這樣的說法，對，也不對。

《勞基法》中的確有「責任制」這樣的規定，而且明文規定必須由勞資雙方以**書面**方式約定，還要經過主管機關核備①；不過這個**「責任制專業人員」**的工作性質，顯然和大家想的不太一樣②。事實上，只有某些「負責成敗」的專業人員，例如研究人員，才能和監督管理人員一樣，可以和資方另以書面約定工時，不受一般工時每週四十小時的限制。只是不知道從什麼時候開始，大家的印象變成了上班打卡，下班就算做到死也沒有加班費可拿，才叫責任制。

總之，原本《勞動基準法》的「責任制」是為自己的工作結果負責的意思，不管是監督管理人員或專業人員都一樣，絕對不是任何員工都能適用不受工時限制的「責任制」。必須是經過中央主管機關核定、公告的工作者類型，再經過勞資雙方以書面約定，最後還要向地方主管機關核備，才能適用。

其次來談談關於公司的名字。很多人創業時，都喜歡蹭有名的公司名字，例如取名為「鴻海炸雞有限公司」，最好還能讓民眾誤認為是郭董開的。但這樣究竟可以不可以呢？

事實上，開公司需要經過主管機關經濟部預審[3]，所以如果公司名稱和已存在的公司完全一樣，是不會被核准的喔。但由於業務種類不同，如果把業務種類標明在公司名稱裡，那就可以了[4]。只不過《公司法》另外有規定，不能故意使用會讓民眾混淆誤認的名字[5]，比如「鴻海炸雞有限公司」和「鴻海精密工業股份有限公司」的業務種類完全不同，不至於讓民眾混淆誤認，這樣的公司名稱就沒有問題。

①勞動基準法第84條之1：「經中央主管機關核定公告之下列工作者，得由勞雇雙方另行約定，工作時間、例假、休假、女性夜間工作，並報請當地主管機關核備，不受第三十條、第三十二條、第三十六條、第三十七條、第四十九條規定之限制。

一、監督、管理人員或責任制專業人員。

二、監視性或間歇性之工作。

三、其他性質特殊之工作。

前項約定應以書面為之，並應參考本法所定之基準且不得損及勞工之健康及福祉。」

②勞動基準法施行細則第50-1條第1款、第2款：「一、監督、管理人員：係指受雇主僱用，負責事業之經營及管理工作，並對一般勞工之受僱、解僱或勞動條件具有決定權力之主管級人員。

二、責任制專業人員：係指以專門知識或技術完成一定任務並負責其成敗之工作者。」

③公司法第18條第5項：「公司名稱及業務，於公司登記前應先申請核准，並保留一定期間；其審核準則，由中央主管機關定之。」

④公司法第18條第1項：「公司名稱，應使用我國文字，且不得與他公司或有限合夥名稱相同。二公司或公司與有限合夥名稱中標明不同業務種類或可資區別之文字者，視為不相同。」

⑤公司法第18條第4項：「公司不得使用易於使人誤認其與政府機關、公益團體有關或妨害公共秩序或善良風俗之名稱。」

一言不合就業配

業配可不是爽拿錢就好，出事了一樣要扛

指考放榜，記者訪問臺X醫科狀元。

記者：「請問你考得那麼好的祕訣是什麼？」

狀元：「還在談。」

記者：「還在談？」

狀元：「對，目前還有最後兩家在談，有可能是雞精，也有可能是魚油，就看最後誰給的代言費高……」

記者：「導播，卡、卡！」

雷丘律師有話要說

當代言人、爽拿代言費，責任卻都是廠商負，世界上哪有這麼好的事情？

在法律上，代言人叫做**「廣告薦證者」**，其責任規定在《公平交易法》第21條第5項和第6項①，條文中的「廣告主」就是我們認知的產品廠商（製造商或是銷售商）。

若做不實廣告，廠商（廣告主）應該要負責，這個觀念上應該沒什麼問題；但《公平交易法》進一步規定，在「明知或可得而知」為不實廣告的情況下，廣告媒體和廣告薦證者（代言人）都要負連帶責任。不同的是，代言人會區分為名人或素人，如果是素人，只會負有限的賠償責任，賠償上限限制在其代言酬勞的十倍以下。

之所以會有這樣的規定，是因為過去有太多代言人只顧著爽拿酬勞，一旦出了事情，卻說：「東西不是我賣的，你們去找廠商負責。」殊不知有許多消費者就是慕代言人之名才會購買呀！尤其這個在網紅當道、業配文滿天飛的時代，代言人責任更是一個值得消費者關注的規定。

這邊值得注意的是，由於廣告主所負的是**侵權行為損害賠償責任**，所以代言人也會負相同的連帶責任。比如說，某位網紅在YouTube上推薦一種未經證實的健康食品，萬一消費者吃出問題，不但廠商要負責，網紅也要負責。所以大家不要以為當代言人、接業配很好賺，這些商業行為背後的法律風險也是要注意的。

①公平交易法第21條第5項、第6項：「廣告代理業在明知或可得而知情形下，仍製作或設計有引人錯誤之廣告，與廣告主負連帶損害賠償責任。
廣告媒體業在明知或可得而知其所傳播或刊載之廣告有引人錯誤之虞，仍予

傳播或刊載，亦與廣告主負連帶損害賠償責任。廣告薦證者明知或可得而知其所從事之薦證有引人錯誤之虞，而仍為薦證者，與廣告主負連帶損害賠償責任。但廣告薦證者非屬知名公眾人物、專業人士或機構，僅於受廣告主報酬十倍之範圍內，與廣告主負連帶損害賠償責任。

前項所稱廣告薦證者，指廣告主以外，於廣告中反映其對商品或服務之意見、信賴、發現或親身體驗結果之人或機構。」

一言既出，駟馬難追

客戶烙跑不付錢怎麼辦？

小華公司接到一筆訂單，因為規格比較少見，所以小華要求先付三成訂金。客戶很乾脆地就付了。

沒想到等到進貨後，客戶突然人間蒸發，再也連絡不上。由於是比較少見的規格，廠商也不接受退貨，小華只好讓這批貨躺在倉庫裡，看看有沒有機會賣掉。

過了半年多，突然又有客戶打來問相同型號的產品。小華心想，倉庫裡不正躺著一批嗎？但客戶一聽是庫存品，便把價格開得非常低。小華又想了想，如果這批貨再放下去，就只有報廢一途，乾脆跳樓大拍賣，反正加上人間蒸發的客戶先付的訂金，只要不虧本就好。

於是小華清掉了庫存，客戶以成本價買到了產品，真是可喜可賀。

雷丘律師有話要說

在《民法》上，一般比較常提到的是**侵權責任**，也就是在雙方沒有契約關係的情況下，討論損害賠償的問題；例如車禍就是很典型的侵權責任問題。但是在《民法》上，還有一個主要討論的問題，也就是所謂的**契約責任**，意即雙方在已經成立契約關係的前提下，討論損害賠償的問題。

依據契約關係來討論損害賠償有幾個好處：

第一，契約關係的**時效**通常比侵權行為長，有利於權利受損的一方。

第二，合約中多半已約定好雙方的**權利義務**，如果有一方違約，只要依照合約，該解約或終止契約就解約或終止契約，該損害賠償就損害賠償，比較不容易發生爭議。

第三，契約關係的**責任歸屬**比侵權行為明確，通常就是違約或可歸責的一方，不需要像侵權行為損害賠償一樣，還要討論相當因果關係。

在違約的態樣中，最常被拿出來討論的就是**債務不履行**，又可以分為**給付不能**、**給付遲延**、**不完全給付**三種類型。

給付不能是指**契約成立後，債務人卻無法給付契約標的。**比如說，我在網路上訂購筆記型電腦，訂單完成後，廠商卻說我要的型號停產了，這就是給付不能。

給付遲延比較容易想像，就是**超過約定的時間，債務人都尚未給付。**比如說，我在網路上訂購筆記型電腦，訂單完成後，廠商本來說二十四小時送達，結果我卻等了二十四天。

而**不完全給付**，用比較白話的方式來說，例如**給付的契約標的有瑕疵。**比如說，我在網路上訂購筆記型電腦，訂單完成後，廠商也送貨了，沒想到電腦無法開機。

以故事中小華公司的第一個客戶為例，既然已經付了三成貨款當做訂金，小華的公司進貨後，客戶就應該給付剩下的七成貨款才對。由於客戶欠小華公司的是貨款是金錢，因此沒有給付不能的問題——簡單來說，就算手上要用來付款的鈔票不見了，但還會有其他鈔票；鈔票也不像筆記型電腦，有老舊型號停產的問題。法律上並不考慮付款人的實際經濟情況，所以才會說金錢沒有給付不能的問題。

在一直拖欠貨款的情況下，客戶應該還要負擔遲延給付的損害賠償①，這通常指的就是利息②。所以小華除了請求客戶履約，另外還可以請求利息當做損害賠償。

至於第二個客戶，無論他和第一個客戶是什麼關係，他和小華公司間簽訂的是新的合約，因此是新的契約關係，小華把庫存品賣給第二個客戶並收取貨款，是完全沒有問題的。但這邊要注意的是，小華公司和第一個客戶的權利義務關係還沒有了結，如果第一個客戶事後又跳出來付剩下的七成貨款，並請求小華的公司履約交貨，小華的公司還是得設法履約。所以，小華應該先依照合約的約定或《民法》的規定**催告後解除契約**③才對，這樣之後就不用負履約責任，但仍然可以請求損害賠償④，這是一般人比較會忽略的細節。

①民法第231條第1項：「債務人遲延者，債權人得請求其賠償因遲延而生之損害。」

②民法第233條：「遲延之債務，以支付金錢為標的者，債權人得請求依法定利率計算之遲延利息。但約定利率較高者，仍從其約定利率。

對於利息，無須支付遲延利息。

前二項情形，債權人證明有其他損害者，並得請求賠償。」

③民法第254條：「契約當事人之一方遲延給付者，他方當事人得定相當期限催告其履行，如於期限內不履行時，得解除其契約。」

④民法第260條：「解除權之行使，不妨礙損害賠償之請求。」

發生職災算誰的？

維護安全勞動環境，雇主責無旁貸！

什麼叫做敬業？

有一天，小明到了一家公司大廳，對櫃檯小姐說：「妳好，總務部通知我來擦大樓玻璃。」櫃檯小姐問了總務部，就讓他進去了。

過了沒多久，又有人到了公司大廳，對櫃檯小姐說：「妳好，總務部通知我來擦大樓玻璃。」

櫃檯小姐說：「不用了，你們派人來過了，他正在擦。」

小明說：「那個人就是我，我剛才掉下去了。」

雷丘律師有話要說

這一篇，我們來談談職業災害。首先要和大家說一個觀念，《民法》上最重要的三種提供勞務的契約，分別是**承攬**、**委任**和**僱傭**。用通俗的白話解釋，**承攬**就是做完一件事情才能領報酬；比如訂做婚紗，當然要先幫新娘子把婚紗做好，不然人家要怎麼結婚？**委任**則是不管事情結果如何，都能領報酬；比如看醫生，就算感冒沒有當場痊癒，一樣要付診療費。至於**僱傭**，就是大家最熟悉的勞動關係，因為是雇主叫你幹麼就幹麼，所以不管有沒有做事、事情有沒有做完，都一樣能領報酬。

在臺灣，大部分的僱傭關係，都受到《勞動基準法》和相關法律的規範，只要勞動者提供勞務的方式被認為是僱傭關係，就受到這些法律的保護。這篇要討論的職業災害也是一樣。前面說過，因為僱傭關係就是雇主叫你幹麼就幹麼（法律術語叫做**「指揮監督」**），所以並不限制在公司內發生。因此，只要是雇主指定的工作勞動場所，因執業活動而導致勞工健康、身體或生命損害，就屬於職業災害[1]。

那麼，受雇者（勞工）發生職業災害後，應該找誰負責？如同前面所說的，僱傭關係就是雇主叫你幹麼就幹麼（因為很重要，所以要說三次），所以原則上當然是雇主要賠償[2]。換言之，如果職業災害是由於雇主的過失所導致，雇主應該要負責賠償，這個似乎不意外。然而依照法條，如果雇主可以證明自己沒有過失，那發生職業災害時，勞工不就只能自認倒楣了嗎？其實依照相關法律的規定，勞工如果沒有拿到雇主的賠償，還是可以向**勞動部職安署**申請補助。

最後要提到《勞動基準法》一項特別的規定，就是**雇主的補償責任**[3]。意思是說，即使雇主因為無過失而不用賠償，仍對職災受害者（受僱者）有補償義務——然而這並不表示勞工可以領兩份補助。依照規定，如果雇主已經補償，就必須從職安署的補助中扣除這部分。對雇主而言，也不用重複給補償金，如果雇主已經給過勞工撫卹金，也可做為抵充。

這樣講起來，雇主不是很倒楣嗎？有過失要賠償，沒過失也要補償。

其實，如果要防免這方面的責任，雇主應該投保**「雇主責任險」**以備不時之需，而不是設法逃避。因為根據以上規定，職災補償和有無幫勞工投保勞保，可是沒有關係的！所以不能靠故意不幫勞工保勞健保來逃避喔。

①職業衛生安全法第2條第5款：「職業災害：指因勞動場所之建築物、機械、設備、原料、材料、化學品、氣體、蒸氣、粉塵等或作業活動及其他職業上原因引起之工作者疾病、傷害、失能或死亡。」

②職業災害勞工保護法第7條：「勞工因職業災害所致之損害，雇主應負賠償責任。但雇主能證明無過失者，不在此限。」

③勞動基準法第59條：「勞工因遭遇職業災害而致死亡、失能、傷害或疾病時，雇主應依下列規定予以補償。但如同一事故，依勞工保險條例或其

他法令規定，已由雇主支付費用補償者，雇主得予以抵充之（下略）。」

轉角遇到慣老闆

用扣薪來處罰員工，這合法嗎？

小華開了一家物流公司，司機每每延誤配送，於是小華祭出重罰，如有延誤就扣薪。但是成效不彰，令小華傷透腦筋。

企管顧問小明接了這個case，幫小華增加了一條規定：如果司機延誤，調度員將受連坐處罰扣薪。

調度員紛紛抗議，說調度的責任是安排時程；排好時程後，就是司機的工作了。怎麼可以別人失職，自己卻連坐?!但小明力勸小華先試行三個月，沒想到司機延誤的情況大爲改善。

小華忍不住好奇問小明，這是怎麼辦到的？

小明告訴小華：「只要是缺，必有爽缺和賽缺；只要是工作，必有爽工作和賽工作。這些細節，當老闆的你從表面上看不到，但是調度員和司機之間都有默契。司機如果和調度員不熟，害調度員扣薪、得罪了他，賽工作可能就排不完；如果司機和調度員熟，反而更是會講義氣，不想害到調度員。

小明回公司後，向企管顧問公司董事長小花回報：案子圓滿成功。

小花笑著說：「我告訴你的方法很有效吧！」

過了幾天，某五星級大飯店的套房中，小花依偎在小華懷裡。

小花撒嬌道：「你教人家的那個規定是什麼意思啊？」

小華注視著小花美麗的臉龐：「妳不需要知道那麼細節的事。我只是要找一個劊子手來幫我開鍘。如果失敗，就把責任推給外人；如果成功，顧問費當然是肥水不落外人田了。」說完，便做勢要吻小花。

小花嬌笑閃過：「我不稀罕這種小錢，你先想想怎麼和你那口子離婚吧！」

雷丘律師有話要說

我們這邊不去深究到底連坐處罰扣薪制度是誰想到的。雷丘律師想和大家討論的是，用扣薪水的方式處罰員工，符合《勞基法》嗎？

從管理者的角度來說，有胡蘿蔔就該有皮鞭，賞罰的工具兩者都不可或缺。雇主給表現優異的員工獎勵，能激勵士氣；雇主給表現不佳的員工懲處，能督促員工。獎勵人人都愛，應該沒有一個員工獲得獎勵還會有意見的；但是受到懲處，員工的意見可能就會很多很多了。雷丘律師在這邊當然是建議雇主，要在合法的範圍內才能懲處員工，因此必須來談一談《勞基法》所謂的**「一般懲戒權」**和**「特別懲戒權」**。

這兩種懲戒權並不難分。**「一般懲戒權」**指的是員工在違反法律規定時，雇主可懲戒員工的權利。比如說，員工沒有正當理由，也沒有請假，就任意曠職三天，依照《勞基法》規定，雇主可不經預告便解僱該員工①。而

「特別懲戒權」指的是，員工沒有違反法律明文規定時，雇主如果想要懲戒員工，必須和員工事先約定，不管是約定在勞動契約或公告在工作規則中都可以。當然，工作規則並不是雇主片面規定並公告就算數，必須在工作規則中明訂懲戒的事由及方式，並得到員工的明示或默示同意，成為勞動契約內容後，雇主才能取得特別懲戒權。

此外，不管是約定在勞動契約或公告在工作規則中，懲處事由及方式都必須具備合理性與必要性，不能做過於苛刻的約定，也不能濫用處罰的權利，這樣的規定才有效。比如說，規定上廁所三分鐘之內要回到位置上，或是一天只能喝水一次，這些都是過於苛刻的約定，即使得到員工的明示或默示同意，都是屬於無效的約定。

其次，當懲處方式涉及薪資時，《勞基法》的規定可是非常嚴格的[2]。簡單來說，法院實務上認為，員工領到的錢錢可分為**「經常性給予」**和**「恩惠性給予」**，前者不可以做為特別懲戒權的範圍（除非勞雇雙方有特別約定），但後者可以。然而「經常性給予」和「恩惠性給予」並不是剛好對應到一般人觀念中的「薪水」和「獎金」，因為雇主發給員工薪資時，通常會有許多名目，比如本薪、津貼、紅利、獎金等等，所以必須依照實際情況來判斷究竟屬於哪一種。

雷丘律師只能說，勞務的對價，而且是固定時期發放給員工的本薪、伙食津貼、全勤獎金這些，或是發放規則已經制度化的錢錢，通常會被判斷為經常性給予；至於沒有事前約定或保證給予的紅利或年終獎金，這些錢錢則可能會被判斷是恩惠性給予。針對「恩惠性給予」的扣薪或罰薪是不違法的，所以故事中的連坐處罰扣薪制度是否合法，還是要看扣的是什麼喔！

①勞動基準法第12條第1項第6款：「勞工有左列情形之一者，雇主得不經預告終止契約：

六、無正當理由繼續曠工三日，或一個月內曠工達六日者。」

②勞動基準法第22條第2項：「工資應全額直接給付勞工。但法令另有規定或勞雇雙方另有約定者，不在此限。」

Eurasian Publishing Group
圓神出版事業機構
用心與你對話・網野無限寬廣
究竟出版社
Athena Press
www.booklife.com.tw
reader@mail.eurasian.com.tw

第一本 109

小心，原來這樣也有事！：
腦洞大律師雷丘的生活法律常識與對策

作　　者／雷丘律師
繪　　者／ Apple
發 行 人／簡志忠
出 版 者／究竟出版社股份有限公司
地　　址／臺北市南京東路四段50號6樓之1
電　　話／（02）2579-6600・2579-8800・2570-3939
傳　　真／（02）2579-0338・2577-3220・2570-3636
總 編 輯／陳秋月
副總編輯／賴良珠
專案企劃／沈蕙婷
責任編輯／林雅萩
校　　對／雷丘律師、林雅萩、柳怡如
美術編輯／林雅錚
行銷企畫／鄭曉薇・陳禹伶
印務統籌／劉鳳剛・高榮祥
監　　印／高榮祥
排　　版／陳采淇
經 銷 商／叩應股份有限公司
郵撥帳號／ 18707239
法律顧問／圓神出版事業機構法律顧問　蕭雄淋律師
印　　刷／祥峰印刷廠
2021年11月 初版

定價 320 元　　ISBN 978-986-137-347-8

即使對於那些不可能踏進法院的人而言，
法律也是很重要的，
因爲大家都不知道生命會向我們拋擲什麼樣的挑戰。
而法院所做出的判決，
其實與我們的日常生活息息相關，
無論它們看起來與我們理解的有多麼迥異，
又或者我們從未好好留意。

——莎拉．蘭佛德，《爲誰辯護》

國家圖書館出版品預行編目資料

小心，原來這樣也有事！：腦洞大律師雷丘的生活法律常識與對策／
雷丘律師 著，Apple 繪
-- 初版 -- 臺北市：究竟，2021.11，
240面；14.8×20.8 公分 --（第一本：109）
ISBN 978-986-137-347-8（平裝）
1. 法律　2. 通俗作品

580　　110015707